江戸幕府的統治關鍵

參勤交代

Ando Yuichiro
安藤優一郎

参勤交代の真相

序言

催生「肥前妖怪」鍋島閑叟的參勤交代

這是發生在距離江戶幕府滅亡不到四十年前，即天保元年（一八三〇）的事。

在幕末時代發揮強大領導能力、帶領佐賀躍升為與薩摩、長州及土佐並駕齊驅的強藩，別名「肥前妖怪」的鍋島直正（閑叟）剛就任藩主不久，就遇到對他往後人生產生重大影響的事件。

是年，十七歲的鍋島直正繼承父親鍋島齊直之位，就任第十代藩主。這位長年住在江戶的佐賀藩世子以就任藩主為契機，回到領國佐賀。

清晨，年輕的藩主鍋島直正一行人從位於江戶城日比谷御門附近的上屋敷[1]出發，沿東海道西行。佐賀藩上屋敷坐落在現今日比谷公園一帶。

排場盛大、彰顯佐賀藩三十五萬石威勢的參勤交代隊伍，在東海道品川宿進行第一次休息。

沒想到，鍋島家的隊伍竟停頓在品川宿，過了中午還未出發。

鍋島直正覺得納悶，下令隊伍隨行人員集合，盡早啟程。然而，在聽完側近向他坦承隊伍無法出發的緣由後，頓時愕然失色。

原來發生了債務糾紛。

一大群來自江戶的商人蜂擁至鍋島直正及一同返回佐賀的家臣們身邊，糾纏不放地催討白米、味增和醬油等費用。要是就此放參勤隊伍一行人回佐賀，不知何年何月才能收到錢，因此商人們個個卯足了勁。

由於這場騷動，鍋島家才無法召集所有家臣。即使甩開這群商人出發，他們恐怕也會緊跟著隊伍討債。如此一來，欠款一事就會公諸於世，成為鍋島家的恥辱。

迫不得已，鍋島直正只好緊急籌措款項還給商人，才得以整頓隊伍。然而當時外頭已是黃昏，四周開始變暗。

鍋島直正原本幹勁十足地以藩主身分回國，沒想到出發第一天就大受打擊。他完全不曉得自己的家臣竟然窮到這種地步。

而這一切，係因當時佐賀藩的財政正面臨危機，根本無力顧及藩士生活補助之故。

1 上屋敷：江戶時代，幕府會賜予上江戶參勤的大名位於江戶的藩邸，當時一般稱為江戶屋敷或武家屋敷（為求通順，本書一律翻成江戶官邸及武家官邸）。大名在江戶通常擁有多間官邸，根據官邸的用途及距離江戶城的距離可分成上屋敷、中屋敷及下屋敷，統稱「江戶藩邸」。江戶藩邸乃後世所創的歷史用語，並非當時的用語。上屋敷為大名及其家人平時居住的官邸。

鍋島直正回國後下定決心，抱持堅定不移的覺悟改革佐賀藩。從這一天起，佐賀藩開始踏上成長為與「薩長土肥」並駕齊驅的強藩之路。

參勤交代的實像與虛像

「參勤交代」是日本史課本裡一定會出現的名詞，同時是最為人所知的日本歷史用語之一。即使對歷史一竅不通的日本人也都聽過。

參勤交代是江戶幕府規定諸大名必須履行的義務，每隔一年上江戶出府[2]，即為「參勤」。在江戶官邸（藩邸）生活一年後，再與其他大名交接江戶參勤，然後返國。該制度係由德川將軍家制定，成為統制諸大名的基礎，帶有服從儀式的性質。

而參勤交代也常作為日本時代劇與時代小說的題材。簡言之，參勤交代的象徵就是漫長的隊伍——由各藩組成所謂的「大名隊伍」[3]，上江戶參勤或者打道回國。前述的大名隊伍，是由守護主公的武士所組成的冗長縱隊。

直到現在，政府高官、議員或公司高層率領一大群隨從人員，浩浩蕩蕩地前往目的地，也被稱為大名隊伍。可說是衍生自參勤交代的名詞。

參勤交代經常被當作一種觀光資源加以運用。比方日本媒體經常介紹一群人假扮武士組成大名隊伍，在觀光地遊行的情景。

若欲重現參勤交代的場面，隊伍前頭一定會出現持槍的奴僕表演相互扔擲長柄槍的情景。這是刻劃參勤交代的時代劇中廣為人知的橋段。

不光是持槍奴僕。就連替主公撐遮陽傘及雨傘的奴僕以及肩扛衣物箱的奴僕，也進行著類似的表演。

不過仔細想想，這麼一來勢必延遲隊伍的行進。

若持續進行上述表演，真的能夠順利上江戶參勤嗎？答案是ＮＯ。

如前所述，參勤交代雖是眾所皆知的名詞，但實際上一般日本民眾對其印象僅止於表面。令人驚訝的是，真正了解參勤交代的日本人並不多。

本書將基於下列三大要點，闡明參勤交代的實像與虛像。透過接觸不為人知的江戶大名世界，能增添收看時代劇與閱讀時代小說的樂趣。

2　出府：在江戶時代是指武士前往江戶。

3　編註：原文為大名行列。

認識參勤交代的三大要點

第一點，是了解有義務履行參勤交代的大名，有哪些共通點？只要具備基礎知識，對參勤交代的印象就會大為改觀。

比方說，參勤交代的人數究竟有多少？

雖說隊伍人數會隨著俸祿變動而增減，不過多半介於一百五十到三百人之間。加賀百萬石前田家的參勤隊伍雖曾高達四千人，但是動員破千的例子純屬少數。

這裡有一點值得注意的是，參勤交代根本不可能以大隊人馬的形式，持續進行。從領國出發時行列人數確實相當可觀，一旦離開城下後，人數就會驟減至大約三分之一到二分之一。待進入江戶後，隊伍人數又會增加。這是因為江戶官邸的家臣和在江戶所雇用的派遣工加入之故。其目的在向江戶民眾展示自家氣勢。從領國出發時亦然，為了向百姓表現領主的威風，人員數量才會灌水。

參勤交代隊伍一天究竟能走多遠？

據說平均一天可行走三十二至三十六公里。於天色破曉時出發，一直趕路到深夜的例子也屢見不鮮。

總之就是不停地趕路。至於在隊伍前頭表演互擲長槍等活動，當然不可能經常表演。

參勤隊伍僅由負責警備的家臣組成嗎？

除了為主公做菜的廚師及管理身體狀態的醫生外，另有負責馴養主公寵物的鷹匠——當然，還包括主公的愛鷹。

此外，大名日常生活的必備物品也須全部帶上，例如白米等食材及烹調用的水、鹽、醬油等。令人驚訝的是，甚至有人帶著攜帶式澡盆和馬桶。

第二點，是留心參勤交代中發生的各項事件。如此一來，大名們所處、平時不顯露於外的嚴苛世界便會浮現。

進行連日住宿的團體行動時，家臣團免不了摩擦。若是家臣之間起衝突，尚可採取內部處理，但若是與其他領民產生嫌隙，事情將變得相當棘手。

與對方領主，即他國大名進行交涉時，視情況而定必須通知幕府。倘若糾紛演變成傷害事件，則更應該呈報。

再者，還要做好被捲入自然災害的覺悟才行。行進間，遇到因地震、風雨（颱風）造成的山崩及川留[4]，致使隊伍進退不得並不足為奇，正所謂「駿馬難越大井川[5]」。

4 川留：江戶時代，在基於治安考量而禁止搭橋、乘船的大井川等大型河川，僅允許徒涉或騎馬渡河，此即「川越」制度。若河川水位因漲水超過一定限度，導致渡河困難時，則禁止川越。亦即禁止渡河。

另外，也曾有大名因罹患急病，無法按照原訂計畫上江戶參勤的例子，甚至還發生過大名驟逝的狀況。在這種情形下，就得停止參勤交代。

而在住宿場所同樣問題不斷。例如因取消住宿與旅籠屋[6]發生糾紛、住宿費用殺價等，以金錢糾紛居多。

諸如令鍋島閑叟愕然失色的還債事件比比皆是。另外還有因討債人紛紛上門討錢，使得參勤隊伍動彈不得，或者在行進途中，由於盤纏用盡所以進退兩難的窘況。

第三點，是注意參勤交代的所需費用。藉此說明參勤交代不僅是幕府統制大名的基礎，同時闡述其歷史性任務。

參勤交代花費約占大名家全年經費的百分之五至十，各項金額的多寡順序大致如下：人事費、運費（川越、船費、雇馬費）、物品採購費、住宿費。無論在哪個時代，人事費一直是最大的開銷。

另一方面，宿場及街道卻因參勤交代大賺一筆。

換成現代的說法，參勤交代的支出相當於各地方自治體年度預算的百分之五到十，相當龐大。再加上諸大名因為前往江戶參勤，必須與家臣一同在當地生活一整年，所需金錢更高達藩年度經費的一半，此制度對江戶經濟造成的衝擊甚鉅，也就不難想像了。

接下來，本書將基於以上三大要點，闡明參勤交代的實像與虛像。

5 駿馬難越大井川：這句話原文是「箱根八里尚可駕馬穿，駿馬難越大井川」（箱根八里は馬でも越すが、越すに越されぬ大井川）。「箱根八里」是指三島－箱根－湯元的險峻山道，讓馬匹背負行李尚可勉強通行；而大井川因多氾濫，隨季節不同河川流量也會改變，大雨過後往往會實施「川留」，嚴禁渡河。嚴重時，旅行者甚至被迫滯留長達二十多天無法渡河。

6 旅籠屋：在江戶時代的宿驛等提供武家及一般平民住宿附餐的旅店。

【第一章】

参勤交代的起源

一、江戶參勤義務化

參勤與人質

參勤交代制度始於江戶幕府的誕生，於第三代將軍德川家光時期加以制度化。然而，何謂參勤？

參勤是指家臣到主君身邊值勤之意。全國所有大名到主君德川將軍身邊伺候、履行作為家臣的工作，此即江戶參勤。原則上為期一年。

將軍要求家臣居住在自己的輦下，乃是自古以來就有的慣例。例如：鎌倉幕府強制有力御家人住在鎌倉，室町幕府則強制守護大名住在京都。

這麼做的目的，是為了監視與幕府有主從關係的御家人及守護大名的動靜，防止他們叛變。江戶幕府的參勤交代制度目的也是一樣。

終結戰國時代、達成統一天下大業的豐臣秀吉，則將根據地大坂與伏見的官邸用地[1]賞賜給臣服他的戰國大名。下令所有大名住在大坂官邸，以便監視，同時還命令其妻兒居住於此，擺明就是體面的人質。若有人膽敢向豐臣秀吉舉兵謀反，其妻兒的命運會如何已是昭然若揭。

而取代豐臣秀吉坐上天下人寶座的德川家康同樣承襲這套作法。早在關原之戰前，德川家康就已經開始動作。

關原之戰前後，被質疑蓄意推翻豐臣政權的有力大名前田家向德川家康屈服。他們交出當主利長的生母芳春院作為人質，以示無意謀反。德川家康遂將芳春院送回江戶，方便監管。同為有力大名的細川家亦被家康貼上謀反的標籤，當主忠興的三子忠利因此被當作人質送往江戶。與豐臣秀吉有姻親關係的淺野家遭遇如出一轍。由於上述緣故，前田家等大名在關原之戰時自然而然加入德川家康的陣營。

慶長五年（一六〇〇）九月十五日，爆發決定勝負的關原之戰。最後德川家康率領的東軍擊敗了以豐臣秀吉的側近石田三成為主謀的西軍，贏得勝利。

這時，德川家康取代豐臣家坐上天下人的寶座只是時間早晚的問題。昔日在豐臣政權下同格[2]的大名也已經開始上江戶參勤。

1 編註：原文為「屋敷地」。

2 編註：指官職上的家格相同，亦即同一等級。

諸大名開始上江戶參勤

慶長八年(一六〇三)二月十二日，德川家康被任命為征夷大將軍並開設幕府，成為名符其實的天下。而江戶參勤的展開則早於幕府開設。

在此之前的慶長七年(一六〇二)正月，已將生母作為人質提交的前田利長前往江戶。而東北之雄伊達政宗也於同年十月赴江戶輸誠。

德川家康賞賜前來參勤的大名江戶城周邊的官邸用地。獲賜土地的大名便在這裡興建宅邸，參勤期間就住在江戶官邸。甚至有大名主動提交妻兒為人質，作為對德川家康效忠的證明。

江戶開府後，這類動作愈發頻繁，不過江戶參勤在此時尚未被制度化。東國大名雖已開始每年上江戶參勤，但西國大名仍根據各自情況，決定前往江戶參勤的時間。

說是參勤，卻沒有特別規定江戶在府[3]期間長短。對幕府而言，大名前來參勤的事實才是最重要的。

至於提交妻兒為人質也尚未義務化，純粹是大名為避免幕府猜疑的主動行為。例如在關原之戰擔任西軍總大將的毛利輝元將嫡子提交給幕府，就是其中一例。

然而，元和元年(一六一五)豐臣家滅亡，翌年元和二年(一六一六)德川家康去世後，江戶幕府進入了全新階段。

過去一直隱藏在家康背後的第二代將軍德川秀忠開始採取主動，對諸大名的態度漸趨強硬。

元和五年（一六一九）六月，曾受過豐臣家恩惠的有力大名廣島藩主福島正則因未經幕府許可、擅自修築居城廣島城遭到改易，就是最具象徵性的例子。

慶長二十年（一六一五）七月，幕府向諸大名頒布武家諸法度（全十三條）。所謂武家諸法度，依例於將軍上位時頒布，並向大名宣讀，成為統制諸大名的基礎。在這一年頒布的武家諸法度第六條處載明，修補城郭需向幕府提出申請——福島正則觸犯的正是這項守則，才會遭受懲處。

元和八年（一六二二），德川秀忠透過側近土井利勝等人催促諸大名將妻兒作為人質，安置在江戶官邸。其後，順應時勢所趨，無論是前往江戶參勤，或將妻兒當作人質置於江戶官邸都成為大名們不得不遵守的規定。

3　在府：江戶時代，大名及其家臣待在江戶值勤。

即使是德川一門，怠慢參勤也會遭到改易

原則上，參勤是以所有大名為對象。

就連德川家一門也不例外。若怠慢參勤，就等著接受改易處分，斷絕家門。

元和九年（一六二三）三月，越前福井藩主松平忠直隱居，被流放到豐後，形同改易。

松平忠直是德川秀忠同父異母的哥哥結城秀康的嫡子，其俸祿為德川一門大名當中最高的六十七萬石。正室為秀忠的三女勝姬。

然而，忠直自元和四年（一六一八）起藉口生病開始怠慢江戶參勤。其遠因在於德川家康殲滅豐臣家的大坂夏之陣。

當時，他率領軍隊奮勇作戰，不但擊敗氣勢勇猛、突入家康本陣的真田（幸村）軍，同時還殺死了幸村。不料德川家康僅賞茶器「初花肩衝」作為獎勵，卻未下令加增。忠直對此感到相當不滿。

他原本就認為，自己的父親秀康取代秀忠坐上將軍寶座亦不足為奇。同樣是德川家分家，自家的官位卻比御三家低，成了引發忠直不滿的根源。

松平忠直對幕府的不滿與日俱增，最後終於藉口生病拒絕參勤。

雖然在這個階段參勤交代制度尚未確立，但為了向幕府宣誓效忠，諸大名已爭相前往江

戶。相形之下，不肯動身參勤會被視為有謀反之意，並派遣追討軍隊。

在這個節骨眼上，忠直遭到改易原本無力可回天，但秀忠看在德川一門的份上，並沒有加以處分，僅督促他趕緊出發。

元和七年（一六二一），忠直終於從福井啟程，沒想到途中隊伍在關原停下，滯留了很長一段時間後，便稱病返回福井。改派他與勝姬所生的嫡子光長前往江戶。

元和八年（一六二二），忠直再度上江戶參勤，結果又在途中折返。

自從大坂之陣以來，松平忠直積鬱已久，導致精神狀態一直脫離常軌。據說他曾企圖殺害正室勝姬，甚至消滅重臣永見貞澄一族。此舉當然讓家臣團陷入恐慌，秀忠也已無法對忠直的所作所為視而不見。

元和九年（一六二三）二月，秀忠要求忠直隱居，將家督讓給光長。若是拒絕的話，就算是德川一門也會遭到討伐，忠直只好順應要求，於三月間前往流放地豐後國。

其實在同年七月，秀忠早已安排好政治日程將將軍職讓給嫡子家光。對他來說，在德川家內部處於不穩狀態下讓位並非上策，因此才會在緊要關頭做出決定。

幕府展現強勢的政治態度，只要怠慢江戶參勤，就算是德川一門也絕不放過，帶給諸大名極大的衝擊。毋庸置疑，松平忠直實質遭處改易一事，的確達到敦促諸大名遵守江戶參勤規定的效果。

參勤交代制度的確立

家光就任將軍後，暫時由父親秀忠以大御所身份掌握實權，寬永九年（一六三二）正月，秀忠去世。

自此，家光為了展現將軍的威嚴，對諸大名採取強硬態度。

同年五月，與福島正則同樣受過豐臣家恩惠的有力大名熊本藩主加藤忠廣（加藤清正的嫡子）遭處改易。原因在於忠廣的嫡子光廣做出威脅性舉動，外加忠廣未經幕府同意就讓在江戶出生的孩子與母親回國。

十月，家光的親弟弟、領有駿河及遠江五十五萬石俸祿的忠長也遭處改易。原因與松平忠直一樣，忠長脫離常軌的行動被視為一大問題。隔年寬永十年（一六三三），忠長在流放地高崎自盡。

家光向諸大名展現對德川一門也絕不手軟的態度，以儆效尤，並增修慶長二十年（一六一五）七月頒布的武家諸法度「元和令」，於寬永十二年（一六三五）六月公布「寬永令」。

在此最新修訂的武家諸法度第二條，就以明文規定參勤交代細則，名符其實將其制度化。

然而，參勤交代的對象並非所有大名，而是以外樣大名為對象。

所謂外樣大名，是指在豐臣政權下與德川家同格，在家康被任命為將軍、成為武家棟樑後臣服其下的大名。下一章會介紹的加賀藩前田家、薩摩藩島津家以及仙台藩伊達家，都是具代表性的外樣大名。

自寬永十九年(一六四二)起，親藩大名與譜代大名也必須上江戶參勤。

親藩大名是指與將軍有親屬關係的大名家，諸如德川御三家、福井藩松平家和會津藩松平家；譜代大名則原為德川家家臣，其後飛黃騰達，被提拔為大名。

自此，所有大名都須執行這項勤務，前往江戶在府一年，下個年度則待在領國，如此循環。譜代大名固定於每年六月、外樣大名則固定於每年四月上江戶參勤。

在此之前，江戶在府的大名得和上江戶參勤的大名交接後，才能返國，這是「參勤」「交代」兩詞的由來。籠統地說，即三百諸侯當中有半數大名待在江戶，半數待在領國。

若有要事無法參勤，必須向幕府陳述理由，獲得許可；未經許可擅自停止參勤的話，就會面臨與松平忠直相同的命運，而諸大名也都恪守不渝。這從忠直之後，再也沒有因違反該制度遭到改易者來看，足見不假。

二、參勤交代的常識與非常識

幕府曾下令減少隊伍人數

本書開頭處曾提過，參勤交代的象徵就是漫長的大名隊伍。隊伍愈長，即參與人數愈多，人事費自然水漲船高。然而，大名方面卻未見減少隊伍人數，此後勢必對藩財政造成重大負擔。

接下來會提到，參勤交代強迫諸大名支出一筆龐大的開銷，原本是幕府實施此制度的目的。此乃一般定論，但未必是真相。

站在幕府的立場來看，的確不願樂見大名們財政富饒。這會讓各方勢力獲得足以與之對抗的實力，造成幕府的困擾。

然而，幕府也不至於希望諸藩破產。

江戶時代採取幕府與大名（藩）以權力者身份、共同統治社會的「幕藩體制」。是以要求諸大名嚴遵參勤交代的同時，若引發諸藩破產進而妨礙幕藩的共同統制，將對幕府造成困擾。

基於前述，幕府慎重評估過參勤交代所造成的財政負擔，並具體落實在大力推動減少大名隊伍，也就是減少隨從人數上。在明訂參勤交代細則的武家諸法度〔「寬永令」〕第二條中曾提到：

近年來，參勤交代攜帶的隨從人數甚多。如此開銷也會增多，到頭來財政負擔就會轉嫁到領民身上，對其造成折磨。今後，應視大名家情況致力減少隨從人數。

隊伍人數過多不但影響大名家財政，亦造成領民負擔，最終一藩之主將無法順利治國。幕府雖厲行參勤交代，但另一方面也透過推動隨從的減少，期待達到降低隊伍人數之效。可惜事與願違，結果不減反增，致使財政負擔增加。

享保六年（一七二一）十月，幕府規定參勤時的隨從人數，需以俸祿為基準。比方說，俸祿一萬石的大名攜帶騎馬武士三到四騎、足輕二十人、派遣工三十人；俸祿十萬石的大名則攜帶騎馬武士十騎、足輕八十人、派遣工一百四十到一百五十人，以此為基準。

幕府根據俸祿高低規定參勤時的隨從多寡，其中暗藏遏止隊伍人數增加的用意，只不過諸大名並未遵守。

隊伍人數無法減少的真正原因

第八代將軍德川吉宗以力行幕政改革「享保改革」聞名，亦大幅修改參勤交代制度。當時，幕府財政瀕臨破產。在幕府明定參勤隨從人員數量的同時，吉宗正陷入拖欠家臣——即旗本及御家人扶持米[4]的窘境。如此一來，勢必得大量裁員。

因此在享保七年（一七二二）七月，幕府下令諸大名每一萬石俸祿得上繳一百石米，此即「上米令」。該法令要求大名們繳交米糧救急，以期重建財政，具有緊急避難性質。若同意配合者，則江戶在府時間可從一年縮短為半年。

換言之，大名們在江戶的支出將隨之大幅減少。幕府藉由上米令與放寬參勤交代制度的配套措施，讓諸大名配合上米。

在吉宗發布此令之際，曾向儒學者室鳩巢諮詢放寬參勤交代制度的是非。當時，室鳩巢相當於吉宗的政治顧問。

室鳩巢對吉宗的諮詢感到相當驚訝。一旦放寬參勤交代制度，不僅會減弱幕府對大名的統制，幕府權威也極可能下跌。他費盡心思勸德川將軍打消念頭。

吉宗努力思考減縮諸大名支出的方法作為上繳米糧的補償，最後的結論是將江戶在府期間縮短至一半。室鳩巢對此反駁，認為還有其他方法——例如下令刪減參勤時的隨從人數——

可降低大名支出。

然而，吉宗卻拒絕這項提議。因為他知道，即使下令仍會效果不彰。就任將軍前，他曾擔任御三家之一的紀州德川家當主約十年。也就是說，吉宗曾有參勤交代的經驗，因此他非常清楚大名家即使有意、卻始終無法削減隨從人數的內情。

為何在幕府下令後，仍不見大名們減少隨從人數？

參勤交代的作用，是向社會大眾展現大名的身份地位。從視覺上來看，隊伍愈長，身份地位愈顯高貴。諸大名自然也就打腫臉充胖子，爭相競爭排場。

總之，參勤交代的場面攸關大名的尊嚴。是以即便幕府下令減少隨從人數，大名仍不予理會。

此外，上米令於享保十五年（一七三〇）廢止，大名們的江戶在府期間也恢復為一年（山本博文《参勤交代》，講談社現代新書）。

4 扶持米：武家的主君支付給家臣的俸祿，又稱俸米。

出現在江戶與領國的大隊人馬

諸大名藉由參勤交代宣傳自藩的主要場所有二，即領國與江戶。

在領國主要是向領民展現領主的威嚴，在江戶則出自不想輸給其他大名的念頭。也因此這兩地經常出現大隊人馬。

之前曾提到，參勤交代的人數與俸祿成正比，加賀百萬石前田家的隊伍人數甚至高達四千人，但實際上任誰都不可能帶著大隊人馬從領國一路走到江戶。

漫長的行列僅僅出現在自領國金澤出發以及進入江戶時。行進於兩者間的道路上，隊伍人數則大幅減少。

參勤交代的隊伍分成「本御行列」與「御道中御行列」兩種。後者又稱為「略御行列」。「本御行列」是指從領國出發和進入江戶時所編制的隊伍；「御道中御行列」則是指離開領國到進入江戶前所編制的隊伍。後者的規模約為前者的三分之一到二分之一。

從領國出發時，有眾多家臣作為供侍[5]參與其中。不過在參勤隊伍離開領國後，這群家臣便返回城下。

此時占人數一半以上的臨時工也都散去。因為他們僅受雇於出發當天加入行列，換成今日的說法，相當於派遣員工。

到了進入江戶的階段，家臣與雇用的臨時工再度加入，組成陣仗盛大的隊伍。從領國出發及進入江戶時，為吸引領民、其他大名和江戶民眾的注意，參勤隊伍採「本行列」編制，而在上述情況外的路上則改採「御道中御行列」編制，規模約縮小一半。由於行經他國領土時在意當地民眾的眼光，所以即便是「御道中御行列」，也超過幕府規定的人數。遑論在領國及江戶採用的「本御行列」，更是大幅超出標準。想要對外宣揚自藩威勢，可藉由表演來吸引眾人目光。最具代表性的就是持槍奴僕互擲長槍表演。

但若是一路上持續進行表演，不知得何年何月才會抵達江戶。因此只有在領國以及江戶才會演出，趁機宣揚藩威。

除此之外，一路上除了趕路還是趕路，得換上旅裝。據說參勤隊伍平均一天走三十二至三十六公里，穿著旅裝當然比較方便移動。

5　供侍：ともざむらい，隨行的武士。

三、參勤交代的例外

江戶定府大名

一般人認為參勤交代是所有大名都得履行的義務，其實也有例外——相信這令人感到相當意外。

首先，擔任老中等幕府官職者為避免妨礙政務執行，不列入參勤交代的對象。

原則上，僅限譜代大名才能擔任幕府官職。

那麼，究竟有哪些官職？

幕府的常設官職有老中、若年寄、京都所司代、大坂城代、寺社奉行、奏者番、側用人等。臨時任命的官職以大老最廣為周知。總計約四十名。

德川御三家雖不能擔任幕府官職，但倘若將軍年幼就得待在江戶輔佐將軍，縱然有參勤交代的義務，也毋須履行。年僅十一歲的家綱就任將軍時，便發生過這樣的情況。

據說水戶德川家等因鄰近江戶，原本就較少回國，故不列入參勤交代的對象，被視為常駐江戶的大名。順帶一提，從水戶到江戶僅需三天兩夜的路程。

此外，也有大名一開始就被定位為江戶定府大名。大部分為俸祿一萬石左右的小藩。幕府顧慮到這些小藩的財政無法支撐參勤交代所需開銷，才會准許常駐江戶。

在這個時代，每年都會發行刊載諸大名與旗本姓名、系譜、官位、家紋等的名鑑（《武鑑》）。換作現今的說法即官員錄，是具有一定需求量的實用書。

根據文化元年（一八〇四）發行的《武鑑》記載，標記為「御定府」的大名多達二十七家。除了紀州德川家及水戶德川家的分家大名外，關東以外的地區大多為俸祿一萬石左右的大名。

除此之外，德川御三卿田安、一橋及清水家也不列入參勤交代的對象。御三卿與御三家同樣都是將軍繼承人輩出的家系。

和御三家不同，御三卿沒有居城，必須義務性地住在幕府所賜、位於江戶城田安御門、一橋御門及清水御門附近的官邸內。故御三卿也成了江戶定府大名。

但也有特意想參與參勤交代，獲得幕府許可的定府大名。例如領有常陸國下妻一萬石的譜代大名下妻藩井上家。

下妻藩第六代藩主井上正廣獲得幕府准許參勤交代後，於寬政元年（一七八九）出發回到領國下妻，翌年寬政二年（一七九〇）上江戶參勤。

自此，井上家於每年八月上江戶參勤，隔年二月回國，如此循環。路程為三天兩夜。

雖然只是短短三天兩夜的路程，所需開銷卻不少。儘管這筆支出對俸祿僅一萬石的小藩而言負擔不小，井上家仍想執行參勤交代，主要是為了對藩內外宣揚下妻藩井上家乃是大名家。

此外，關東的譜代大名都和下妻藩一樣，必須依照慣例每年上江戶參勤，而非一年待在江戶、一年待在領國的隔年參勤。這些大名約半數於八月參勤、翌年二月回國，另外半數則於二月參勤、翌年八月回國，如此循環。

免除參勤交代的原因

除了擔任幕府官職的譜代大名及定府大名外，其餘大名都必須履行參勤交代的義務，不過因個別事由免除參勤交代的情況也不少。下面就來介紹下一章會提到的加賀藩前田家免除參勤交代事例（忠田敏男《參勤交代道中記—加賀藩史料を読む》平凡社 Library）。

首先是原因出在藩主身上的情況。

最常見的係因病免除。享保六年（一七二一），素有名君之稱的第五代藩主前田綱紀獲准不必返回領國金澤。

當時，綱紀仍待在江戶，其後以身體不適為由向幕府申請在江戶靜養至隔年春天。對年近八十的前田綱紀而言，回金澤得花費十天以上的路程，相當痛苦。更別說是疾病纏身了。

幕府批准了綱紀的請求，答應讓他繼續待在江戶。之後由於綱紀隱居，就此定居江戶，再也沒有返回領國。既然已不是藩主，自然就從參勤交代的義務中獲得解放。享保九年（一七二四），八十二歲的綱紀去世，江戶成了他的長眠之地。

安永九年（一七八〇）三月，回到金澤的第十一代藩主前田治脩以腰痛及腳痛、無法承受長期旅程為由，向幕府提出病假單，申請江戶參勤延期。

其後，前田治脩於四月、五月、六月、九月、十月、十一月，幾乎每個月都以生病為由申請參勤延期。結果這一年獲准免除參勤。

此外若藩主年幼，也可免除參勤交代。

因父親前田光高年僅三十一歲即早逝，前田綱紀繼承藩主之位時虛歲不過才三歲。由於這個緣故，直到綱紀滿十七歲前，加賀藩皆得以免除參勤交代。

再者，加賀藩的居城金澤城燒毀時，亦獲准免除江戶參勤。

那是發生在第十代藩主前田重教在位期間的事。寶曆九年（一七五九）四月十日，金澤的城下町遭逢前所未有的大火來襲，本丸等建築全都燒毀。幕府為了讓前田家重建居城與城下町，免除了它們的江戶參勤。

當領內發生飢荒，也曾免除參勤。

第十一代藩主前田治脩在位時，由於加賀藩領內發生重大飢荒，幕府遂免除前田家天明五年（一七八五）的參勤。此乃顧慮加賀藩因為飢荒、處於無法徵收年貢的困境後所做的決定。畢竟當時的加賀藩，應該無法籌措足夠的參勤費用。

不只是加賀，對於遇上藩主罹病或仍年幼、居城燒毀、領內發生飢荒等非常事態的藩，幕府都會根據個別事由酌情免除參勤。

另外，也曾發生過為了在領國完成幕府分配的職務，採取縮短江戶在府期間的方式，放寬參勤交代義務的事例。相對地，其在國時間就會延長。

例如有力的外樣大名福岡藩黑田家以及佐賀藩鍋島家，奉命擔任唯一向世界打開門戶的長崎港警備，兩家採取每年輪替警備的方式，稱作「長崎御番」。

因此，這兩藩的江戶在府期間縮短為四個月。每年十一月上江戶參勤，最快在翌年二月獲准回國。

就連負責協助福岡藩和佐賀藩進行長崎港警備的肥前唐津藩及島原藩，其江戶在府期間也縮短為九個月左右。每年六月上江戶參勤，翌年二月獲准回國，如此循環。

而受幕府所託負責蝦夷地警備的松前藩每三年上江戶參勤一次。接受幕府委任處理對朝鮮外交與通商事務的對馬藩，則是每五至六年上江戶參勤一次。上述兩藩都是為了執行幕府委派的任務，而放寬參勤交代的義務（丸山雍成《參勤交代》，吉川弘文館）。

須負擔參勤的旗本「交代寄合」

一般認為，參勤交代乃是大名應盡的義務，因此鮮少人知道其實也有旗本須執行參勤交代。須負擔參勤交代義務的旗本稱作「交代寄合」。

交代寄合雖是俸祿不到一萬石的旗本，但在江戶城的殿席[6]卻受到大名待遇。自古以來，譜代大名所待的房間為「帝鑑之間」，官位從五位的外樣大名則在「柳之間」。

交代寄合的數量根據時期不同而異，共約三十家。平時居住在所領的陣屋，與其他大名一樣必須進行參勤交代。

交代寄合在江戶有幕府賞賜的官邸，並與其他大名一樣，會在江戶官邸配置家臣與留守居役。出身方面，則以名門後裔、過去曾是大名或大名分家者占大多數，且半數以上俸祿超過三千石。

以格式[7]來分類，交代寄合可分成「表御禮眾」及「四眾(州)」等。先來介紹當中位居上座的「表御禮眾」。

6　殿席：是指江戶時代大名及旗本登江戶城時，依照順序等待拜見將軍時所待的房間。視大名及旗本的身份而定，所待的房間亦有不同，故殿席也是一種身份的象徵。

7　格式：即家世、地位。

「表御禮眾」包括菅沼家、松平家等二十家。與大名一樣隔年參勤，也就是在江戶及領國生活各生活一年，有義務將妻兒安置在江戶官邸。在他們之中也有擔任幕府官職者，並以擔任側眾及大番頭等居多，前者為將軍的側近眾，後者則是負責將軍警備的要職。

「四眾」是指交代寄合的那須眾四家（那須家等）、美濃眾三家（高木三家）、信濃眾三家（知久家等）以及三河眾兩家（松平家等）的統稱。依參勤型態可分成兩種：一種是每年上江戶參勤，待在江戶約半年後回國，另一種則是每隔兩、三年上江戶參勤一次，待在江戶一個月後回國。由於「四眾」的任務是在領國擔任東海道及中山道等處的警備，所以江戶在府期間較短，待在領國期間較長。

正因如此，「四眾」獲准將妻兒安置在領國。不過「四眾」與「表御禮眾」不同，幾乎不擔任幕府官員。

另外，岩松家與米良家是地位等同於「四眾」的交代寄合。岩松家是德川家的祖先新田家的後裔，米良家則是肥後名門菊池家的後裔。

岩松家屬於每年參勤組，江戶在府期間一個月；米良家則是每隔四到五年上江戶參勤一次，在府期間也是一個月。

參勤交代也可說是身為大名的表徵。

對囿於俸祿只得屈就旗本身份的交代寄合而言，參勤交代是他們向社會大眾宣揚自家乃是堂堂大名的難得機會，亦可滿足過去出身名門或大名的自尊心。

對交代寄合的心情最心有戚戚焉的，或許就是獲得幕府准許參勤交代的定府大名下妻藩井上家吧。

【第二章】

陸路參勤交代，海路參勤交代

一、參勤的準備工作

參勤日期與路線均須取得幕府許可

武家諸法度堪稱江戶時代的武家社會憲法，幕府不但明文規定參勤交代為大名的義務，並根據諸大名提出的申請個別指定參勤時期與路線，大名們不可擅自決定。

若無法上江戶參勤，則必須向幕府申訴緣由，取得免除的許可。

原則上，譜代大名於每年六月（關東大名為八月）、外樣大名於每年四月上江戶參勤，每次參勤都必須請示幕府。依照慣例，四月參勤組的外樣大名須於前一年十一月、六月參勤組的譜代大名則須於當年二月提出。

接著看參勤請示。

諸大名須派遣使者攜帶參勤請示書出發前往江戶。抵達江戶後，使者在江戶留守役的陪同下登江戶城，提交予老中。

江戶留守役是指安置在江戶官邸，負責與幕府及其他大名家聯絡、交涉的家臣。相當於外交官。

老中在收下請示書後幾天，將以「老中奉書」形式發出指示參勤時間的命令書。老中奉書是指老中奉將軍旨意所提出的公文。

老中奉書會直接送達領國。大名在收到之後，會派遣使者前往江戶致謝。與提交請示書時一樣，使者抵達江戶後，在留守居役的陪同下登江戶城。如此一來，就能正式開始準備參勤交代。

負責掌管五街道[1]為首的街道以及宿場、管轄道路和橋樑等修繕的是道中奉行。道中奉行係由負責監察大名的大目付與掌管幕府財政的勘定奉行兼任的幕府官職。

文政五年（一八二二），道中奉行向諸大名指定應通行的街道。這是為了避免路況陷入混亂所進行的調整。

根據道中奉行的指示，分配結果如下：通行東海道的大名共一百四十八家、中山道共三十家、奧州街道共三十七家、日光街道三家、甲州街道三家。

另外，若發生因為天災等不得不變更參勤時間或路線的情形，也得請示幕府並取得同意。

1 五街道：是指江戶時代以江戶日本橋為起點的五條陸上交通要道，即東海道、日光街道、奧州街道、中山道與甲州街道。

為確保住宿場所到處奔波

決定參勤日期後，大名方面無不盡快做好各項準備。諸大名展開參勤準備工作的時間不盡相同。

以接下來提到的加賀藩前田家為例，從金澤出發前約四十到五十天就著手準備。包括前田家在內的大名們，最先決定的往往是參勤交代的負責人。通常會指派一名家老擔任。

其次是選拔上江戶參勤的隨行者，並決定旅途中的職務分配。除了擔任藩主警備的人選外，也需要能夠處理諸多事務的藩士。

決定好參勤的隨行藩士並分配職務後，接著就是安排住房。即進入確保住宿場所的階段。

這裡需要注意的是，負責搬運藩主行李的大批派遣工也會跟著參勤隊伍一同前往江戶。除了藩士外，同時必須確保派遣工的住宿場所。

雖視宿場而定，但有時候即便包下所有旅籠屋，也不一定容納得下全數人員。這是最令人傷腦筋的問題。

以通行東海道的大名為例，必須在半年前就向預定住宿的各宿場本陣[2]及旅籠屋下訂單。大名住在本陣，藩士則住在旅籠屋。

過半數的大名依照幕府指定，行經東海道前往江戶。因此若未能及早確保住宿場所，可能就得露宿野外。這也是得提早半年預約的原因。

相較於取道東海道前往江戶的大名，前田家參勤交代的準備時間顯得綽綽有餘，最早約從一個半月前展開。儘管參勤準備已經形式化，但無可否認他們的籌措期間的確較短。

前田家係經由中山道和北國街道前往江戶參勤。這兩條街道的路況不像東海道般擁擠。從籌備期間之短即可發現差異。

其他藩則從很早以前開始著手準備。以秋田藩主佐竹家為例，便早在近一年前就動手打點一切。

接下來介紹第十代藩主佐竹義厚於文政八年（一八二五）從江戶返回領國的事例。

這一年的一月七日，秋田藩獲得幕府准許回國。四月二十九日，義厚一行人從江戶出發；五月十七日回到秋田，但其實秋田藩早在幕府下達回國許可前約半年就開始做準備。

前一年文政七年（一八二四）六月八日，秋田藩在領國任命回國負責人；八月十日，在江戶也任命了回國負責人。無論是在領國或者江戶，皆由家老出任此職務。

其後，發布從江戶跟隨返回領國的藩士姓名及此行路線，並靜待幕府下達回國許可。

2　本陣：是指江戶時代的宿場，被指定為專供大名、旗本、幕府官員、敕使等的住宿場所，原則上嚴禁一般百姓住宿。通常會指定地方上的商人、名主等有權有勢者的宅邸作為本陣。

除選拔隨行藩士和確保住宿場所外，舉凡各宿場的派遣工與馬匹、計算派遣工的日薪及報酬等各種事務，都得事先妥善處理。因此，無論參勤或回國都得提前進行籌辦。

出發前的例行公事

每位大名在做好參勤的準備後，於出發日即將來臨前都會執行一項例行公事。即前往領內的主要神社佛閣參拜，祈求途中一切順利。

以下介紹薩摩藩島津家的事例。

薩摩藩主前往鹿兒島城附近的諏訪神社及祇園神社參拜，派隨侍在旁的小姓在神明前供奉鹽和御神酒。結束神事後，便與參勤的主要隨行藩士一同前往直會（なおらい）。直會是指神事結束後舉行的酒宴。

而萩藩毛利家則是派遣使者前往領內的伊勢、八幡、嚴島、諏訪、祇園、熊野等各社代為參拜，以祈求旅途中諸事順遂。並指派藩主代理人捐獻金錢，帶回祈求旅途平安的護身符。

參拜領內寺社的目的不只是為了祈求旅途平安，同時也祈求神明在藩主離開期間，保佑領國不受火災、風雨等天災的侵襲。

藩主不在時，若發生天災人禍等變故，領國內容易產生動搖。對藩主而言，長達一年不在國內自然會感到不安。才會藉由向神佛祈願以消除心中不安。

除了出發前外，在參勤途中也會派遣代表前往各寺社參拜，祈求一路平安。福岡藩黑田家在參勤途中，曾派遣使者前往黑田家的菩提寺崇福寺及筥崎八幡宮祈禱。

出發前除了接見留在領國的家臣外，餞行酒宴亦不可或缺。接著看正德二年（一七一二）佐竹家的事例。

出發前一天，三月二十一日夜晚，藩主佐義格邀請佐竹家一門、家老及側役等重臣到城內，設宴款待。另舉辦慶祝出發的能劇表演，讓眾人觀賞。

之後，義格將重臣們叫到跟前來依序敬酒。祝宴結束後，他又召喚側近享用宵夜。

其實在出發前一天還有另一項例行公事——「奴[3]見分」，即在城內視察持槍奴僕的表演。

不可或缺的「奴見分」

在參勤隊伍前方打先鋒的持槍奴僕一邊於頭頂轉動長柄槍、一邊相互扔擲的演出，僅限

3　奴：やっこ，指江戶時代武家的中間（ちゅうげん，仕於武士的僕從，武僕）。在參勤交代時，留撥鬢、蓄翹鬍的武僕手持長槍及衣物箱等，在參勤隊伍前方打先鋒。

於領國及江戶登場，其背後蘊含各大名在參勤交代的大舞台上宣揚自藩的企圖，可謂賭上自尊。

持槍奴僕肩負壯大行列氣勢的任務，在大名家內甚至會特地舉辦預演。讓持槍與肩扛衣物箱的奴僕打扮得和出發當天一樣，視察相互扔擲長槍的模樣。由此可見大名們相當拼命。

一邊轉動長槍一邊相互扔擲說來容易，做起來可不簡單。萬一漏接就會造成重大災難，必須充分練習才能正式上場。

不僅如此，持槍奴僕還得如同跳舞般相互扔擲長槍。就連替藩主撐遮陽傘和雨傘的奴僕以及肩扛衣物箱的奴僕，也得像跳舞般轉動著手持的物件，彷彿進行一場團體的演出。

既然奴僕的表現賭上了大名家的尊嚴，當天就得讓觀眾刮目相看。也因此必須進行事先視察。

膳所藩本多家於出發前一天，在參勤隊伍負責人供頭及徒目付[4]到場旁觀下，於膳所城二之丸門前舉行奴見分。按照慣例，視察結束後，藩主會賞賜眾奴僕御酒。

亦有藩主親自到場視察的情況。

白河藩松平家於寶曆九年（一七五九）上江戶參勤時，藩主松平定賢就曾親臨現場。但由於當天他坐在駕籠[5]內，無從得知其反應。

如上所述，各大名家賭上自藩的尊嚴，命持槍奴僕進行表演，看在外國人的眼中卻只是一齣滑稽的舞蹈。第五代將軍綱吉在位時，前來日本任職於長崎出島荷蘭商館的德國籍醫師坎普弗爾（Engelbert Kaempfer）就是其中一人。

以下是親眼目睹參勤交代隊伍的坎普弗爾的證言。

肩上扛著布滿裝飾的長槍、陽傘與雨傘、大口箱子等的挑夫，在穿越眾多百姓居住的街道，或從其他隊伍旁邊經過時，步伐相當滑稽。其步伐是這樣的：每走一步就抬高腳步，幾乎快碰到屁股，同時由於單臂一直伸向前方，看起來彷彿像是在空中游泳。這群挑夫便踩著這種步伐，同時向四方揮舞手上的裝飾長槍、草帽及遮陽傘約二、三次，而衣物箱也在肩上舞動著（坎普弗爾《江戶參府旅行日記》，平凡社東洋文庫，一九七七年）。

從這段證言可知，持槍奴僕的表演的確充滿吸引眾人目光的強烈企圖。

4 供頭與徒目付：供頭（ともがしら）是指負責管理隨行人員的頭目，徒目付（かちめつけ）原是幕府的一種官職，諸藩亦設有該職，在目付的指揮下進行警備、監察等工作。

5 駕籠：古代日本的轎子。座席部份為竹製或木製，頂端有槓，讓乘客坐在其中，由前後兩人肩扛。自江戶時代以來廣為利用。

主公動身啟程

終於到了出發的日子。下面就來看文政五年（一八二二）豐後府內藩主松平家的事例（丸山雍成《參勤交代》）。

當天，藩主松平近訓於凌晨兩點起床，與平時相較提早了許多。在泡澡、梳理頭髮、用過早餐後，接下來就是整裝打扮。

接著，他與家族、家老及小姓等道別。此時藩士們也已登城，在城內各個房間內準備晉見藩主。

結束接見後就要啟程。以府內藩為例，啟程時間為清晨六點。

以下是藩主松平近訓正坐上駕籠準備出發時與家老之間的對話：

家老說道：「恭祝主公此行一路順風。」近訓下令說道：「余不在期間，務必嚴加管束家中事務。」——在這樣的場合，經常聽見如此的回答。

離開居城後，藩主一行人進入城下町。走在隊伍前方的是早先視察時看到的持槍奴僕，他們背負著府內藩的期待，在城下的民眾面前進行雄壯的表演。表演結束後，接著是排場盛大的行列。

町方[6]迎接參勤隊伍時，向來有在路旁擺出提桶及掃帚做裝飾的習俗。有時也會在路旁堆

沙堆（日文：盛り砂或立て砂），內含清淨道路之意。

行列經過時，町人們紛紛下跪，目送藩主一行人上出發前往江戶。留守國內的眾家老會在城下外排成一列，目送隊伍離開。

鄰離江戶、常擔任幕府要職的川越藩，甚至連農民代表也會到場目送。川越藩主離開城下上江戶參勤時，依照慣例，町名主、村名主、御用達商人及工匠等共計上百人，會聚集在位於城下町與村莊交界的大仙波新田。這時，他們一律穿上如同武士般的麻裃[7]為主公送行。

順帶一問，大名結束長達一年的江戶在府期後，回國時又是如何？與參勤一樣，大名回國時同樣得取得幕府許可。諸大名須登江戶城，直接向將軍取得回國許可。

以下是譜代大名筆頭的彥根藩井伊家情況：老中逐一宣布回國藩主名單，唸到井伊家當主的名字時，將軍便會說道：「准賜假返鄉，好好休息吧」。語畢，井伊家當主向將軍致謝後退出。

6 町方：江戶時代用語，是指居住在町的町民及町家，相對於地方（じかた，農村）。
7 麻裃：あさがみしも，指江戶時代武士所穿的服裝。

經過上述儀式取得回國許可的大名，約莫一週後就會從江戶官邸出發，踏上回國的路程。不消說，隨行藩士選拔、預約住宿場所等準備工作早已完成。

二、旅途中令人意外的攜帶物品

無法在一天內完成移動的隊伍

參勤交代是指在每年固定的時期，全國超過兩百組以上、人數約上百人甚至上千人組成的大隊伍往來於江戶及領國之間，進行全國性規模的大移動。也可說是一種民族大遷徙。對江戶的民眾來說，參勤交代已是司空見慣的風景，故鮮少留下相關證言。不過對身在日本的外國人而言，卻是極具衝擊性的畫面。

前面已介紹過坎普弗爾的證言，就連他目睹如此盛大隊伍後也難掩驚嚇。

他們在這趟旅行中總是攜帶所有家臣，在身份、財力的許可下，由眾多人數組成排場盛大的隊伍。因此規模最大的大名行列甚至會連日塞滿街道。我接連兩天遇見由少數僕從、搬運行李的指揮者和輜重隊所組成的（參勤隊伍）前驅隊，分組數個小隊、從正在趕路的我們面前通過；其後，看到藩主親率武士集團，整頓隊伍前進時，通常已經是第三天了。大大名的隊伍人數約莫兩萬人左右，小大名的行列則為其半數，至於直轄都市及天領奉行的隊伍人數則視石高與官位不同而異，一般為一百甚至二至三百人（坎普弗爾《江戶參府旅行日記》）。

坎普弗爾提到，日本最大大名的隊伍連日占據街道。

這裡指的應該是加賀藩的參勤隊伍。如前所述，加賀藩的行列人數最多達四千人。根據他的證言所述，接連兩天看到運送行李的部隊，直到第三天才終於見到主公搭乘的駕籠，其實這種說法過於誇大，參勤隊伍並沒有這麼長。

以加賀藩來說，由家老率領的隊伍比本隊——即主公的隊伍——晚一天行進，即壓後陣。換言之，其參勤交代隊伍分別於前後兩天在街道行進，坎普弗爾很可能看錯了。

按照慣例，在主公一行人抵達宿場前，負責分配住宿的家臣須作為「先遣隊」先行抵達。坎普弗爾所說的「前驅隊」，大概就是指負責分配住宿的家臣團。

此外他提到諸如加賀藩這種大大名的參勤隊伍人數高達兩萬人左右，就連小大名的參勤隊伍人數也達前者的半數之多，這並非事實。

即便在隊伍人數灌水的江戶及領國，前田家的行列人數最多僅達四千人。在參勤途中人數還會減少一半，最多只有上千人。

然而，多達千人的隊伍行進時，從頭到尾將相距數公里，行進間各隊伍也會保持一定距離，便拉開了長度。因此，坎普弗爾才會高估前田家參勤隊伍的人數高達兩萬。

參勤交代的作用，就是向社會大眾宣揚大名的身份地位。

因此，各方皆有競相灌水人數、打腫臉充胖子的傾向。但即便如此，為何非得帶上大隊人馬不可？就算途中隊伍人數減半，也遠遠超過幕府規定的數倍之多。

下面將會提到，為了讓主公在旅途中能過著如城內般的生活，就得帶上所有必須物品。這是隊伍人馬眾多的最主要原因。

從料理工具到醃菜石應有盡有

有關過去的參勤交代，至今仍留有當事者——即主公本人的證言。下面就來介紹最後的廣島藩主淺野茂勳（進入明治時代改名為長勳）的紀錄。

淺野長勳生於天保十三年（一八四二），在二十歲後半迎接明治維新。維新後，曾歷任貴族院議員等要職。昭和十二年（一九三七）去世，晚年曾接受知名社會風俗研究者三田村鳶魚的訪問，以問答方式講述大名時代的日常生活。在其回憶錄中，提到進行參勤交代時的旅途情況。

首先是關於飲食的證言。

雖說簡略，不過因為攜帶各種料理工具，儘管享用的是當地食材，卻是由廚師在廚房進行烹調（中略）食物先由台所奉行試吃。接著由近習試毒，就算食物再怎麼難吃、味道再怎麼糟也說不出口。有時還會端出討厭的菜，也只能勉為其難地囫圇吞下。相當麻煩。旅程中通常會在前一天詢問想吃些什麼，不過當天晚餐的內容無法在前一天詢問，只好等抵達後再決定（淺野長勳〈大名の日常生活〉，柴田宵曲《幕末の武家——体験談聞書集成》，青蛙房，一九六五年）。

參勤交代時，主公專屬廚師也會同行。待隊伍抵達下榻的宿場本陣後，廚師就會進入廚房，使用慣用的料理工具開始烹調。

為何指派專屬廚師烹調食物呢？是為了防止主公遭到毒殺。待廚師烹調完成後，負責藩主飲食的台所奉行會先試毒。由此可知，參勤時不光是廚師，連台所奉行也會同行。

事實上，在餐點端到主公面前時，還會有另一專人專職試毒。經過雙重確認後，藩主大人才終於能夠動筷用餐。上述試毒流程與在城內用餐時完全一樣。

帶晉本陣廚房的，不光只有烹調用具。連主公用膳時食用的米也一併帶來。除了米之外，烹調時使用的水、鹽及醬油等調味料，全部盛裝在樽內，帶進本陣。

另外，漬物[8]是用餐時必備小菜，沒想到連漬物都帶進本陣。不只漬物，甚至連製作漬物的醃菜石也一應俱全——只因為缺少了這項道具，會讓漬物頓失風味。

簡直就像將整座廚房從居城搬過來似的。想當然耳，負責搬運上述物品的派遣工自然得列入隊伍的行列。

淺野長勳也提到，為了避免讓廚師承擔責任，主公不能公開自己對飲食的喜好。即便廚師下廚前會詢問主公想吃什麼，但就算端上來的餐點不合胃口，也只能默默吞下肚。

不僅如此，端上來的餐點還得依照規定食用。一旦有剩菜，同樣會演變成廚師的責任與問題。關於這點，無論在居城或江戶官邸裡都是一樣的。

攜帶式澡盆與馬桶

本陣是主公專用的旅館。內部當然設有能洗去一整天疲憊的澡盆，但主公卻不使用。知道的人或許並不多，其實隊伍也將藩主專用的澡盆帶進本陣，將於他處燒好的熱水裝

8 編註：以蔬菜為主的醃漬加工食品。

進木桶內、倒進澡盆後，再請主公入浴。

本陣內的澡盆是一種名為「五右衛門風呂」的据風呂[9]。即在浴桶底部加裝平釜，然後置於竈上，採取燒柴加熱方式。

泡据風呂時，必須踩著浮在水面的底板才能入浴，若是沒踩到底板就入浴的話，會有燒傷的危險，故主公不使用本陣的据風呂。萬一出了狀況，將釀成重大事件。

不僅攜帶澡盆，還包括主公踏出澡盆後所使用的座椅，以及將從澡盆舀熱水沖洗身體用的提桶。整套入浴所需的工具，全都一併備齊帶來。

上述的澡盆是攜帶式的器物，另外還攜帶主公專用的攜帶式馬桶。

除了在旅途中解手使用外，在本陣裡也使用攜帶式馬桶，而非當地的雪隱[10]。

前田家的主公專用攜帶式馬桶，是高一尺二寸、長二尺、寬一尺的梯形馬桶。坐下的位置則挖空為葫蘆形洞穴。

至今仍留有將攜帶式馬桶帶入本陣的大名家相關證言。下面就來介紹某村莊庄屋[11]的紀錄，他將自宅作為本陣，供行經中山道的大名住宿。

> 當大名提出今晚在此過夜的要求時，「先番[12]」的武士會帶著可收納雪隱抽出筥[13]的長持[14]前來，安置於上雪隱[15]。不過若以一般住家作為本陣，就算不這麼做也來得及。那是塗上黑漆

的樋箱16雪隱。先番眾多半提早抵達本陣，在雪隱內鋪上乾砂，這似乎是為了方便主公大小便。待主公抵達本陣解手後，先番眾再將雪隱內的砂子倒進木桶內，帶回領國。想必是相當了不起的東西吧（篠田鑛造《增補幕末百話》，岩波文庫，二〇〇一年）。

收納在長持內的「雪隱抽出筥」指的就是攜帶式馬桶。從庄屋的證言可知，不光是攜帶式的馬桶，主公的排泄物也得差人搬運。

備用馬匹與駕籠

參勤交代途中，主公通常會搭乘駕籠。對警備人員而言，這樣自然省事不少。

9 据風呂：すえぶろ，澡盆底部加裝釜，在盆內倒入水後，以燒柴方式加熱的澡盆。
10 雪隱：即茅房、廁所。
11 庄屋：江戶時代的一村之長，在關西多半稱為「庄屋」。關東則稱為「名主」。
12 先番：即率先，首先。
13 抽出筥：ひきだしばこ，是指裝糞便的容器，如同抽屜般可拉出。
14 長持：附蓋的長方形箱子。
15 上雪隱：是指位在內廳的凹間（即壁龕）內部供訪客用的廁所。
16 樋箱：為便器的古語。

然而從主公的角度來看，坐在駕籠中趕路其實很痛苦。淺野長勳也曾提到，駕籠內只鋪了一張薄坐墊，根本稱不上舒適。

因此當主公搭乘駕籠累了，就改成騎馬——也就是說，馬匹也列入隊伍的行列。

攜帶馬匹的作用不光是緩解搭乘駕籠的疲憊。一旦遭遇危險狀況時，也能讓主公騎馬盡速離開現場。

然而攜帶馬匹同行，就得帶上負責牽馬的馬夫，以及負責搬運物資的搬運工和糧草。簡直就像帶著馬廄陪同主公一起移動。

光是攜帶一匹馬，隊伍人數就會增加不少，若再加上備用馬匹，則相關需求將更為可觀。除了備用馬匹外，還得攜帶備用駕籠。這是為了預防駕籠損壞而準備的，當然也得加上抬駕籠的派遣工。

此外，甚至還備有圍棋、將棋等讓主公打發時間用的娛樂品，而在鷹狩時大為活躍的老鷹也在行列之中。

在這個時代，鷹狩是藩主在野外進行的一種娛樂活動，相當有人氣。主公可以在休息時進行鷹狩，順便轉換心情。但進行鷹狩，應取得當地領主的許可。

這麼一來，負責調教老鷹的鷹匠也得隨侍在側。當然還得帶上裝有鷹餌的餌箱。

根據紀州德川家的事例，據說在他們上江戶參勤時曾攜帶寬達三公尺的鐵板，用來鋪在投宿本陣內主公所睡的床下。以免刺客躲在床下，伺機造成傷害。

這種情況下，搬運工的增加亦無可避免。造成參勤隊伍人馬浩蕩的最主要原因，在於運送主公日常生活的一切所需物品，就像是將整座城池一起搬過去似的龐大陣仗。

三、日本最大大名・前田家的參勤

三條參勤路線

各大名家在進行參勤交代時，除了負責警備的藩士外，皆有大量派遣工隨行搬運主公生活上的所需物品，以提供與城內同樣舒適的生活。那麼，究竟得花費多少天，才能抵達江戶？參勤交代所需日數最短者為川越藩，約一天；最長者為薩摩藩，約兩個月。接下來介紹具體的情況。

參勤交代的人數有隨俸祿等比提升的傾向，俸祿愈高，亦即人數愈多，移動時愈有魄力。三百諸侯中俸祿前三高依序如下：一百零二萬石的加賀藩前田家、七十七萬石的薩摩藩島津家、六十二萬石的伊達家。這三家都是過去與德川家同格的有力外樣大名。

首先來介紹日本最大大名前田家的參勤之旅。江戶開府前的慶長七年（一六〇二）正月，前田利長為探望交給德川家康作為人質的母親芳春院，出發前往江戶，此即江戶參勤的前奏（以下參照忠田敏男的《參勤交代道中記—加賀藩史料を読む》）。

據說人數最多達四千人的加賀藩隊伍約在中午時從金澤城下出發。

藩主一行人離開金澤城後，進入城下町。走在隊伍前方的是早先視察的持槍奴僕。在這之後，不辱日本最大大名稱號的盛大隊伍一直延續不斷。

城下的民眾以提桶、掃帚及沙堆「款待」出行的行列，隊伍行經時，所有民眾紛紛跪拜。而留守國內的家老和眾多藩士也排成長列，延續到城下郊區，以目送參勤隊伍。

以加賀藩為例，主公並非搭乘駕籠，而是騎馬行經城下，向城下的町人展現主公的威嚴。

待抵達距離居城約七公里左右的森下後，主公便在此下馬，改乘駕籠。這時參勤隊伍的人數約減少了一半。

日近黃昏時，隊伍來到位於加賀國與越中國國境交界處的俱利伽羅峠坡道。俱利伽羅峠以平安末期，木曾義仲在此擊敗平維盛而聞名。一行人在這裡點燈籠。

第一天，越過國境後依照慣例下榻越中國今石動宿。金澤與越中國今石動宿兩地相隔約六里三十五町[17]。

加賀藩的參勤路線有以下三條：

17 編註：江戶時代一里為3927.2688公尺，一里亦等同三十六町。金澤與越中國今石動宿兩地相隔約二十七公里。

【第一條路線——北國下街道與中山道路線】

即從金澤往越中國富山的路線。越中乃分家富山藩前田家的領國。越過聳立在越中與越後國境交界處的險處親不知斷崖後，朝越後高田城下前進。自高田起，正式進入他國領地。

離開高田後，接著南下進入信濃，前往追分宿。到此為止屬於北國下街道路線。從追分開始取道中山道後，一路前往江戶。以鐵路為比喻，與特急列車「白山」的路線幾乎一模一樣。所需距離為一百一十九里。

【第二條路線——北國上街道與中山道路線】

即從金澤往越前國福井的路線。前半部往北國上街道前進。通過福井城下後，接著前往近江國。在抵達琵琶湖附近的木之本宿後，接下來朝美濃國前進。

從美濃垂井宿起取道中山道，前往江戶。所需距離為一百六十四里。

【第三條路線——北國上街道與美濃路、東海道路線】

從金澤到垂井為止與第二條路線一樣。

從垂井起改取道美濃路，而非中山道。經由美濃大垣、尾張名古屋後，到達作為熱田神宮門前町繁榮一時的宮宿。

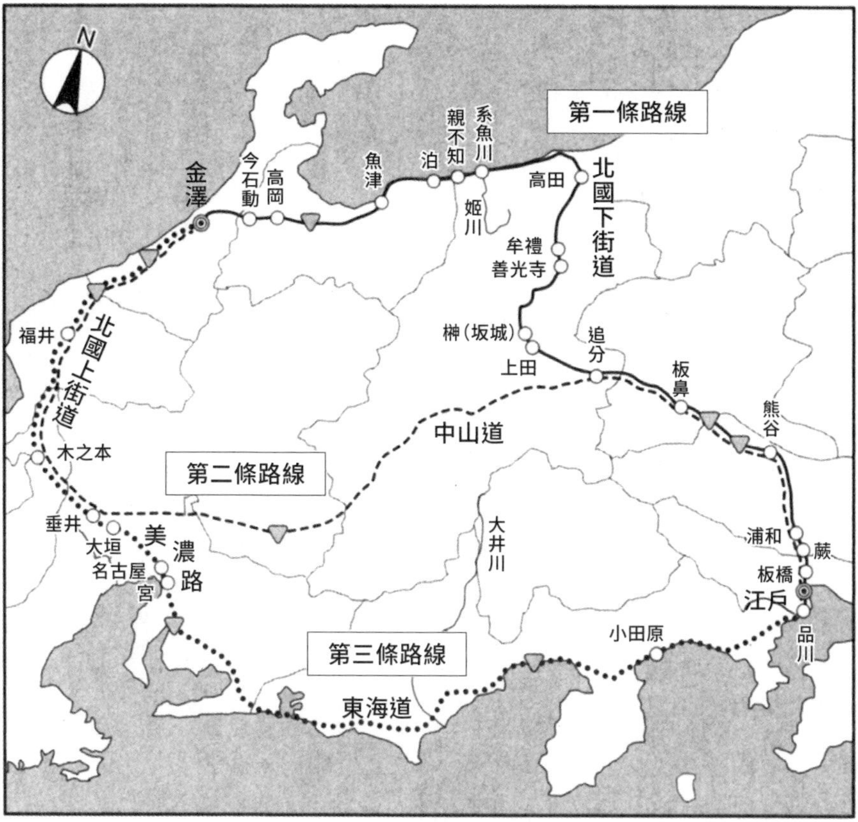

圖一　加賀藩前田家的路線

在這之後，經由東海道前往江戶。所需距離為一百五十一里。

上述三種路線當中，最常走的是第一條路線。該路線的路程通常為十三天十二夜。若無法走第一條路線時，必須取得幕府許可後再更改為第二或第三條路線。

加賀藩大多選擇經由北國下街道及中山道的第一條路線，最主要的原因在於該路線為最短距離。

若距離相差四十里左右，假設一天步行十里，就會出現四到五天的差距，支出費用也會隨之增加。

以加賀藩為例，參勤所需日程當中次數出現最多的是十三天十二夜的行程。其次是十二天十一夜。其後依序是十四天十三夜、十一天十夜、十五天十四夜（次數相同的還有十六天十五夜）。

耗時最長的一回，是第十一代藩主前田治脩於寬政十年（一七九八）參勤時，共花費十九天十八夜。原因是在越中的片貝川及信濃的犀川、千曲川遇到川留。

接下來則是第五代藩主前田綱紀於寬文元年（一六六一）參勤時，花費的十八天十七夜。原因是在親不知斷崖遭到大浪來襲，被困住五天無法通行。

參勤時的天候會大幅影響所需日數。

倒不如說，若遇川留還能外出反倒罕見。在知名的險處親不知斷崖，受到大浪影響無法通行者所在多有。

加賀藩的隊伍會行經加賀、越中、越後、信濃、上野及武藏國。尤其是在越中、越後和信濃等國，時常遇到因川留禁止通行的情況。在越中有神通川、常願寺川及片貝川，越後有姬川，在信濃國則有犀川、千曲川等經常氾濫的河川，讓加賀藩吃了不少苦頭。

另外，在日本海激浪拍打的親不知斷崖，加賀藩則為狂風暴雨所困。

每當穿越親不知斷崖之際，加賀藩總會動員五到七百名越中國新川郡的農民擔任「臨時防波堤」，下令這群農民手持麻繩排成人牆，保護主公不受大浪所侵。

通過親不知斷崖是在從金澤出發後的第五天，在馱馬通過時會卸下行李，以空車運送馬匹。至於行李則另請派遣工搬運。由此可知親不知斷崖多麼險峻。

就這樣，加賀藩的大隊人馬越過了親不知斷崖。但就在親不知斷崖後，還有下一道難關——不時氾濫的姬川等著突破。

真是禍不單行。

也因此在加賀藩內，每當隊伍穿越親不知斷崖及姬川等險處時，就會通知金澤與江戶方面順利過關的消息。

若改走行經東海道的路線，則會在穿越川留的象徵——大井川與跨越天下之險——箱根山時，於領國和江戶官邸舉行「水祝」及「山祝」。

不光是前田家，凡是經由東海道參勤的所有大名也都會舉行這類慶祝活動。

此外，當親不知斷崖因受到狂風暴雨或大浪侵襲導致道路損毀或發生山崩時，短時間內將無法通行。這時就得變更路線，改走經由北國上街道的第二或第三條路線。第十二代藩主前田齊廣於文化十一年（一八一四）參勤時，就曾因此由第一條路線緊急變更為第三條路線。

三種渡河方式

若是走經由北國下街道的路線時，河寬超過五公尺以上的河川竟多達八十四條。其中沒有架橋的河川有三十八條，超過百分之四十。

在河川沒有架橋的情況下，諸大名有三種渡河方式：

㈠涉水渡河，㈡搭渡船渡河，㈢架設船橋渡河。

首先是涉水渡河。

話雖如此，當然不能讓主公走在河中。一般而言，主公或是騎馬渡河，或是坐在駕籠內、差人將駕籠搬到蓮台[18]上，以人力將主公及整個蓮台一起搬到對岸。也就是由負責搬運蓮台的挑夫涉水渡河。

在搬運主公的駕籠時，河川上游與下游站著多達上百名挑夫。站在上游的挑夫稱作「水切人足」，負責減弱水勢。另一方面，站在下游的挑夫則負責在蓮台被沖走時提供協助。

其次是渡船。

既然船隻數量有限，渡口一帶人潮不免擁擠，須事先決定搭船順序：第一順位是鐵砲隊，第二順位是弓隊，第三順位則是長槍隊⋯⋯。

這時搭乘的渡船是名為「平太船」的平船。船頭到船尾長十三公尺、寬三公尺。依規定水量少時限載三十人、馬兩匹，水量多時則限載二十人、馬兩匹。

可是，以姬川為首的北國下街道河川較湍急，有時會以繩子固定船隻，採取拖船方式渡河。這麼一來，當然也就需要負責拉船的挑夫。而前田家的經濟負擔亦隨之增加。

第三條方式是架設船橋。將多艘船隻並排固定後，在船上鋪上木板所架設的橋，名喚船橋，也稱浮橋。

僅限於隸屬加賀藩領的越中神通川等河流，才能採用架設船橋的方式渡河。渡過其他領

18 蓮台：れんだい，漢字又寫作「連台」或「輦台」。江戶時代，基於治安上的原因無法在大河或街道搭橋，這時就會讓旅客搭乘以兩根圓木與木板製成的交通工具上，由數名渡河挑夫將旅客運送對岸。該交通工具即蓮台。

國的河川時，幾乎不會架設船橋渡河。一來因為在他國領地無法立即準備大量船隻，二來費用也是問題。

隨著時代變遷，加賀藩原本採取架設船橋渡河的河川改乘渡船，搭乘渡船的河川則改為涉水渡河。不消說，原因在於財政困難——架設船橋所花的經費遠高過渡船的船資，涉水渡河則較搭船便宜許多。

換下旅裝

加賀藩的參勤隊伍歷經十天以上艱難辛苦的旅程後，即將迎接進江戶的日子。若是走經由中山道的路線，按照慣例，在進江戶的前一天會住宿在中山道浦和宿。浦和宿的下一站為蕨宿，接著在戶田川渡場渡過荒川。

渡過荒川後，就會看到中山道上最後的宿場板橋宿。中山道板橋宿是與東海道品川宿、甲州街道內藤新宿、日光（奧州）街道千住宿並稱為江戶四宿。

抵達板橋宿後，江戶市町已近在咫尺，不過加賀藩大多會進入鄰近板橋宿的宅邸，而不會直接前往江戶。

執行參勤交代的大名們均獲得幕府賞賜土地作為江戶在府之用。即所謂的大名官邸。

大名官邸根據用途可分成上屋敷、中屋敷及下屋敷三種。上屋敷是主公居住的宅邸，中屋敷是世子及隱居的主公居住的宅邸，下屋敷則具備別墅、倉庫及避難所等功能。

眾所皆知，加賀藩的上屋敷現在成了東京大學本鄉校區。中屋敷位於現在的駒込，下屋敷則位於板橋。

令人意外的是，加賀藩的上、中、下屋敷正好位於中山道沿線上，本鄉的上屋敷離江戶城最近，板橋的下屋敷反倒離江戶城最遠。

因此，板橋的下屋敷最適合當作進入本鄉上屋敷前中途落腳的休息處。當然也有直接順著中山道前往駒込的中屋敷，而未在板橋下屋敷落腳休息的事例。無論如何，參勤隊伍在進入上屋敷後，便結束這趟旅程。

加賀藩的行列在進入本鄉的上屋敷前，中途會停靠在板橋的下屋敷或駒込的中屋敷落腳休息，然而休息並非唯一目的。最重要的是換下旅裝。

參勤交代隊伍在旅途中一直穿著旅裝。由於一天得趕三十公里以上路程，穿旅裝更加方便趕路。

不過進入江戶後，就得換上端正威儀的正裝。這是為了向江戶民眾展現加賀藩的威信。

相反地，離開江戶返回領國時，主公和隨行藩士一行人身著正裝自本鄉的上屋敷出發，會在板橋下屋敷改穿旅裝。

主公在板橋下屋敷除了換下正裝外，還得重新梳理髮髻。藩士們當然也是一樣。
除此之外，前往下屋敷落腳還有另一項重要目的。
那就是與睽違一年不見、以人質身份待在江戶的世子見面。加賀藩第六代藩主前田吉德於元文三年（一七三八）上江戶參勤時，就在板橋下屋敷與世子宗辰見面。

登江戶城與拜會

加賀藩的參勤隊伍在板橋或駒込的官邸換下旅裝後，便前往本鄉的上屋敷。這時與從金澤出發時一樣，走在隊伍前的持槍奴僕一邊揮動長槍，一邊相互擲槍。
這是一場賭上加賀百萬石尊嚴、企圖吸引江戶子目光的表演。
在這之後，排場盛大的隊伍連綿不絕。不久，加賀藩一行人進入了本鄉的上屋敷。
按照規定，諸大名進入江戶後，必須在當天前往老中官邸寒暄拜訪。另一方面，幕府收到大名所提交的到府通知後，就會派上使前往該大名的上屋敷。
上使是指將軍派遣的使者。根據大名家家格的不同，上使的身份也有不同，拜訪被稱作國持大名的大藩藩主時，由老中擔任上使。加賀藩乃是領有加賀國及能登國等的大名，故由老中擔任使者前去本鄉的上屋敷拜訪。

幾天後，主公就會進江戶城拜謁問候將軍。拜謁將軍的場所則在江戶城本丸御殿內的黑書院。

在黑書院拜謁將軍後，主公會直接下城，但還不能回上屋敷。接著得前往位於現在皇居前廣場的老中官邸拜訪。

順利謁見將軍後，必須跟老中打招呼。結束這一切後，才可返回上屋敷。

登江戶城之際，諸大名有義務向將軍獻上領國的物產，自然不能兩手空空。至第八代將軍德川吉宗為止，根據加賀藩的慣例，會獻上白銀五百枚、越中國名產八講布二十疋及染手綱二十條。前往黑書院拜謁將軍時，會在將軍面前展現貢品。

除了進獻將軍外，按照慣例，諸大名也得饋贈將軍的正室御台所、將軍世子、老中和隨侍將軍身旁的側眾財物。不消說，這些成了諸藩沉重的負擔。至於像加賀藩這樣，還得饋贈諸如廚師等隨侍將軍身旁者伴手禮，開支當然更大。

直到結束一連串進獻財物的儀式後，大名的江戶參勤之旅才正式宣告結束。

四、距離江戶最遠的大名・島津家的參勤

步調緩慢的島津家參勤交代

參勤交代向來給人陸路交通的印象，但其實也有海路交通者。距離江戶遙遠的西國諸大名通常走海路前往大坂及其周邊，登陸後改走東海道或中山道前往江戶。有時也會搭船移動。

下面就以西國大名的代表、距離江戶最遙遠的薩摩藩島津家事例為中心，來看大名如何採取海陸並用的方式進行參勤交代。

島津家自鎌倉時代起擔任薩摩國守護，在戰國時代成長為幾乎稱霸九州全域的戰國大名，然而面臨豐臣秀吉攻打九州卻不得不投降。

島津家向豐臣秀吉請降後，秀吉便確保島津家在薩摩、大隅及日向國各縣郡的安堵。於是島津家成為豐臣政權下的大名，得以延續。

在秀吉死後爆發的關原之戰，島津家雖加入以打倒德川家康為旗幟集結成軍的西軍，但西軍最終戰敗，島津家奮力突破敵軍，長驅回到薩摩。當時他們在「島津撤退戰」中勇猛善戰

的模樣，為後世所傳頌。

家康雖曾一度展現不惜討伐島津家的態度，但是為了盡快做好戰後處理、以利江戶幕府誕生，在經過長期交涉後，最後仍確保島津家在薩摩、大隅及日向各縣郡領地的安堵，可謂從寬處置。

在島津家獲得本領安堵[19]後，家康要求朝廷任命他為武家棟樑征夷大將軍，於江戶開府。換句話說，德川家康以江戶開府為優先，對島津家做出讓步。正因有此實績，相較於其他大名，薩摩藩自然對幕府有恃無恐。而薩摩藩在參勤交代中也如實呈現此一傾向。

薩摩藩參勤交代的最大特徵是期間很長。

從鹿兒島到江戶須費時兩個月左右。雖說是從距離江戶最遠的地方出發參勤，但光是距離遙遠，亦不足解釋耗時許久的原因。

薩摩藩在大坂和伏見滯留十天可謂稀鬆平常。即使抵達東海道，也要花費約二十天才抵達江戶。

19　本領安堵：御恩與奉公乃是構成中世日本武士之間主從關係的主要要素與概念，後來成為鎌倉幕府的基礎。其後的室町幕府及江戶幕府也繼承此一概念。臣下有保護主君、服軍役等義務，此即奉公；而主君則保障臣下的領地統治權或是賞賜新的領地，前者稱作本領安堵，後者稱作新恩給予。

只能說薩摩藩的行進速度相當緩慢。與其他為了向幕府表示忠誠、盡量避免延宕旅程的大名相較，根本是天壤之別。

雖然薩摩藩在關原之戰時吞敗，大概是從家康手上贏得本領安堵，才能展現如此的自信吧。

薩摩藩的三條參勤路線

薩摩藩的參勤從縱斷九州開始，通過九州時有三條路線（丸山雍成《參勤交代》）。

【第一條路線——東目筋路線】

從鹿兒島到日向細島港走陸路。到細島港後改搭船，經由豐後水道及瀨戶內海前往大坂，此即東目筋路線。

【第二條路線——西目筋路線】

從鹿兒島經由肥後熊本抵達豐前小倉，此即西目筋路線。又稱作小倉筋。

西目筋共有兩條路徑。一是經由出水及米之津的出水筋，一是經由大口及水　的大口筋。

這兩條路徑會合後，再前往熊本及小倉。

【第三條路線——西繞路線】

從鹿兒島經由出水筋，在途中的久見崎、京泊、阿久根、出水等港口搭船。接著繞道天草、

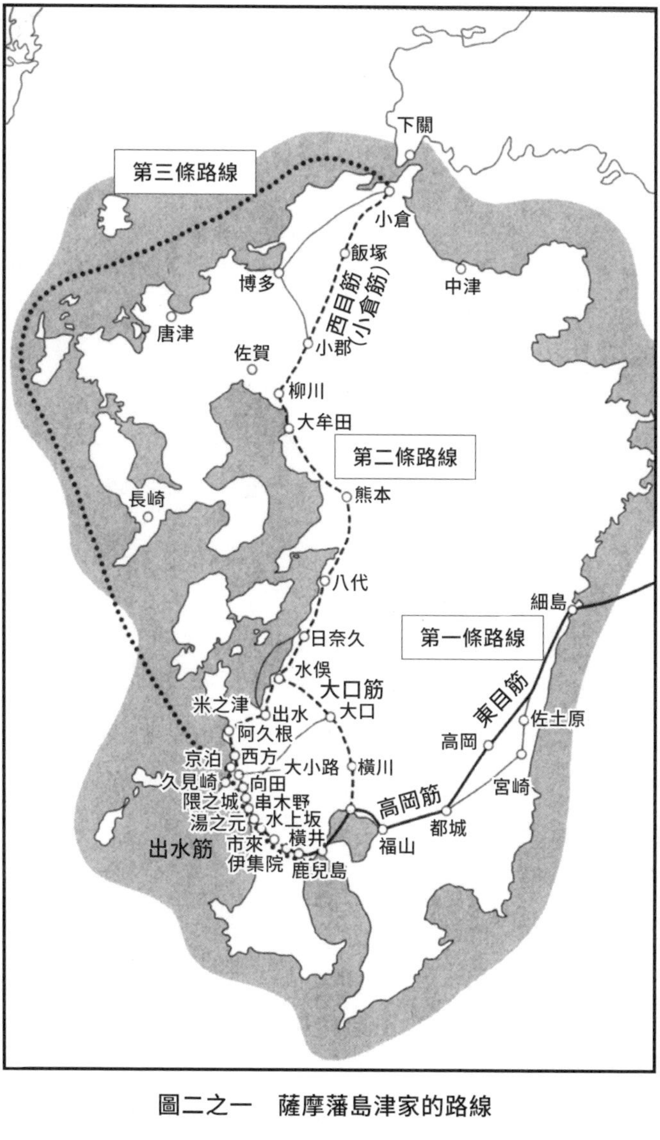

圖二之一　薩摩藩島津家的路線

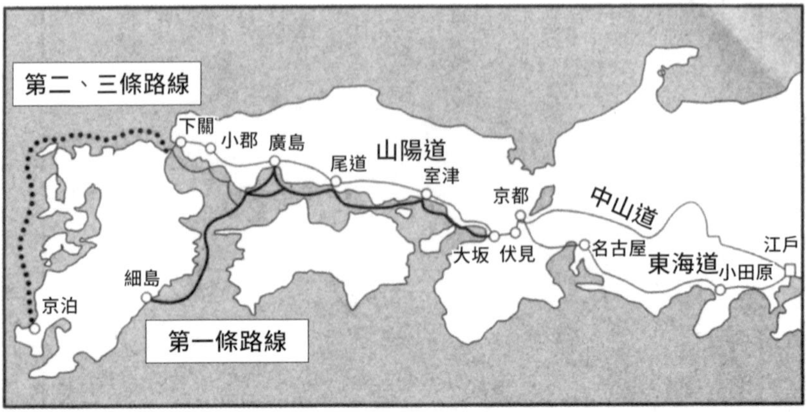

圖二之二　薩摩藩島津家的路線

玄界灘抵達小倉，此即西繞路線。

在江戶前期，薩摩藩主要走東目筋及西繞路線，江戶中期之後改走西目筋為主流。原因後面會介紹，即顧慮海難事故等。

通過九州後，上述三條路線均經由瀨戶內海前往大坂方面。

至於其他西國大名的情況又是如何？九州大名們也是一樣，若是走海路，則與薩摩藩一樣經由豐後水道進入瀨戶內海，或繞道天草、玄界灘路線再進入瀨戶內海。

中國及四國諸大名則經由瀨戶內海前往大坂。

土佐藩有時會從土佐灣前往紀伊水道，不過自享保三年（一七一八）起開始變更路線，先縱斷四國，再經由瀨戶內海。原因是怕發生海難。

走海路的西國大名會率領由數艘到幾十艘船隻所組成的大船隊出發，大名搭乘的被稱為御座船。

御座船是指船上建有屋形構造的船。

屋形構造內設置鋪有榻榻米的御座之間（大名的起居室）。牆壁與天花板上飾有豪華的裝飾，營造出如同居城般的氣氛。

薩摩藩的御座船名為「萬歲船」；熊本藩的御座船名為「波奈之丸」及「泰寶丸」；擁有活躍於戰國時代的毛利水軍的長州藩御座船，名為「萬祥丸」；四國的德島藩御座船則名為「至德丸」。

以長州藩的「萬祥丸」為例，使用四十八支船櫓來操縱船隻。由兩人一組負責搖櫓，共需九十六名搖櫓手。

西國諸大名的御座船原是軍船。這是挪用海戰用船作為參勤交代使用的交通手段。

接著來看以薩摩藩為首的諸大名大船隊編制。

薩摩藩率領共計五十艘船隻的船隊出港。船隊採取御座船前方四十二艘船、後方七艘船的編制。當中並非每艘船都由藩所持有，部分為徵用。

接著來看其他藩的情況，熊本藩於安永六年（一七七七）採取四十七艘編制的船隊進行參勤。

乘船人數為七百八十人，還包括七匹馬；小倉藩於寬政五年（一七九三）採取四十五艘編制的船隊參勤。乘船人數為五百一十八人。

而長州藩於元祿十年（一六九七）參勤時，則率領七十四艘船的船隊，編制如下：包括由五十支船櫓所操縱的大型船禎祥丸、福聚丸以及備用御座船左隼丸、右隼丸。除了隨行藩士搭乘的船隻外，尚有水船、供船、駕籠船、馬船、目付船、煮方船[20]等。

乘船人數為七百零五人。船隊從領國周防國三田尻港出港後，以時速三至八公里的速度向東前往瀨戶內海。

走海路進行參勤之際，按照慣例，無論何藩皆有「船歌組」哼唱「御船歌」。船歌是指水手搖櫓或划槳時所哼唱的歌曲。

通常在御座船出發及抵達目的地時會哼唱御船歌，有時也會伴隨歌聲跳舞。其中蘊含安撫主公無聊情緒的目的。

船隻駛進瀨戶內海，通常會在抵達大坂灣後才登陸，但也有在大坂灣前播磨國室津港登陸的情況。這時候，就會從室津走陸路前往大坂。

因為這個緣故，室津成為西國諸大名因參勤交代登陸的下榻地，繁盛一時，專供大名住宿的本陣也多達六間。其名稱分別為薩摩屋、肥前屋、筑前屋，分別是薩摩藩、佐賀藩[21]、福岡藩[22]的專用本陣。

在室津過夜後，西國大名們的參勤隊伍便進入大坂，薩摩藩則會住在大坂約五天。不僅薩摩藩，西國諸大名在大坂均擁有藏屋敷[23]，可供主公一行人住宿。藏屋敷是指設有收藏預備對外販售之年貢米專用倉庫的宅邸。

然而，不同於其他西國大名，薩摩藩竟滯留大坂五天之久。這也呈現出他們不過度恐懼幕府威望的政治態度。

其後薩摩藩從大坂逆淀川而上，前往伏見，淀川備有參勤大名專用的「川御座船」。主公搭乘川御座船，除了一部分人外，隨行藩士皆改走陸路。

薩摩藩也會在伏見滯留數日。由於他們在伏見設有宅邸，與在大坂時一樣住宿場所不成問題。

離開伏見後，薩摩藩主要經由東海道前往江戶。

附帶一提，第八代藩主島津重豪於天明七年（一七八七）隱居，將藩主之位讓給兒子齊宣。

20 水船是指設有水櫃，儲水用船；供船是指船隊的隨行船；煮方船是指烹調料理用船。
21 編註：又稱肥前藩。
22 編註：又稱筑前藩。
23 藏屋敷：くらやしき，江戶時代，幕府、大名以及寺社為保管及販售年貢米及特產物所設置的場所，設置在大坂、江戶、京都、大津、敦賀、長崎等商業中心地。大多集中在大坂。

但因齊宣年紀尚輕，故由重豪以後見役身份指導藩政，直到寬政三年（一七九一）為止。

也因為如此，直到寬政三年為止，均由島津重豪作為齊宣的代理人履行參勤交代的義務。

我們來看看天明七年時島津家上江戶參勤的例子。九月一日，從鹿兒島啟程。採取陸路及海路並用方式，於十四日抵達小倉。接著搭船渡過瀨戶內海，二十二日在室津登陸。於九月二十八日抵達大坂。

在大坂下榻五晚後，前往伏見。在伏見住了四晚，然後經由東海道東下，於十月二十七日進入江戶。這趟旅程費時一個半月。

從海路轉陸路

西國諸大名率領大船隊航行九州及瀨戶內海的勇姿，正是展現自家威望的大好機會。然而隨著時代變遷，比起海路，改走陸路的大名逐漸增加。

為何海路參勤交代會消失呢？原因之一是顧慮到海難事故。

四國的土佐藩從江戶時代初期起，大多走土佐灣前往紀伊水道的路線，但以當時的航海技術來看，在太平洋上航行伴隨著相當程度的危險。因此自享保三年（一七一八）起，土佐藩改走陸路縱斷四國。走到讚岐國後，再經由瀨戶內海前往大坂的路線成了慣例。

享保十年（一七二五），長州藩的船隊在瀨戶內海發生海難事故。第五代藩主毛利吉元在江戶參勤的途中，發生了御供船之一的天長丸遇難的悲慘事件。死者及行蹤不明者共計十九人。以這次海難事故為契機，長州藩此後不再走瀨戶內海航路，大多改走陸路，即經由中國路前往大坂。

此外，雖不至於到海難事故的程度，但也常發生因海面起風浪、或是雖然風平浪靜卻因無風沒辦法啟航的情況。由於搭乘的是帆船，一切全取決於風勢。

這樣的結果，大幅擾亂行程計畫不足為奇。同時還得支出多徒增的開銷，加重藩財政的負擔。

由於擔心被天候折騰，因此大多數大名都像長州藩一樣避走瀨戶內海航路，改走陸路（中國路）。

除了擔憂發生海難事故及天候變動外，費用方面也是一大瓶頸。追根究柢，維持與管理數十艘船隻又得耗費一筆龐大的金額。

只有在一年一度的參勤交代才會動用船隻，況且航海日數不過數日到十日。為了短期間的航海，就得花費一筆龐大的金錢維持並管理眾多大型船隻，效率相當低。

若是船隻老化，屆時打造一艘新船又是一筆驚人的預算，加上無可避免的船隻修繕費用，實際上早已成為財政包袱。

就這樣，西國諸大名不再搭船，改走陸路。連薩摩藩也不例外。
海路參勤交代自此逐漸消失蹤影。而戰國時代開始出現的御座船，也步上了相同的命運。

五、東北之雄・伊達家的參勤

伊達政宗最初也是最後的參勤交代

我們在前面已經看過加賀藩、薩摩藩及北陸、西國大名的參勤交代，接著來看東北大名的參勤交代。

提到東北最具代表性的大名，就想到仙台藩的伊達家。仙台藩的俸祿高達六十二萬石，僅次於加賀藩前田家和薩摩藩島津家，而奠定其基礎的就是伊達政宗。

伊達政宗生於永祿十年（一五六七），為出羽國米澤城主伊達輝宗的嫡子，於天正十二年（一五八四）繼承家督。之後，政宗接連不斷擴張版圖，成長為東北第一的戰國大名。

但在天正十八年（一五九〇），政宗卻向豐臣秀吉屈服，剛奪取的會津領也遭到沒收。天正十九年（一五九一）又被迫減封，奉命轉封到陸奧岩出山。

秀吉死後，伊達政宗透過與德川家康合作的方式企圖收復舊領。他藉由牽制會津的上杉景勝，對家康在關原之戰的勝利貢獻良多，其擴大版圖的野心卻引發家康對他不的信任，是以沒有下令加增。

自關原之戰的隔年慶長六年（一六〇一）起，伊達政宗開始動工興建新的居城仙台城。仙台藩伊達家的歷史在此展開。

宣誓效忠家康的政宗於慶長六年九月上洛。他在京都南郊的伏見城謁見家康，獲賜江戶官邸。此舉同時蘊含催促政宗上江戶參勤之意。

不光是伊達政宗，德川家康賞賜諸大名江戶官邸用地。獲賜土地的大名則上江戶參勤，在此興建宅邸定居。

翌年慶長七年（一六〇二）正月，前田利家前往江戶，政宗尾隨利家之後，於十月從伏見前往江戶。慶長八年（一六〇三）二月江戶開府，八月時他返回仙台。

慶長九年（一六〇四）十月，政宗再度上江戶參勤。據說這才是伊達政宗實質上江戶參勤的開始。自此，他每年都會往返江戶及領國。

在這個時間點，以一年領國、一年江戶為循環的參勤交代尚未制度化，雖然還沒明文規定，卻已開始實施。此乃向幕府宣誓效忠的手段。

寬永十二年（一六三五）六月公布武家諸法度，在第二條中明文規定參勤交代細則。自此，江戶參勤名符其實地制度化。

這一年，人在江戶的伊達政宗於六月二十九日打道回國。隔年寬永十三年（一六三六）四月二十日從仙台啟程，前往江戶。

此即仙台藩根據參勤交代制所進行的首度參勤。對政宗而言，這次是在參勤交代制度建立後、最初也是最後的參勤。

政宗一行人從仙台城下出發後，經由奧州街道前往江戶，途中前往設有德川家康靈廟的日光東照宮參拜。此舉也是向德川家臣服的象徵行動。

政宗一行人於四月二十八日進入江戶。五月一日登江戶城，拜謁將軍德川家光。然而，過沒多久伊達政宗便臥病在床。他年屆七十，衰老的身體早已無法承受長途跋涉。五月二十七日，伊達政宗在江戶去世。

仙台藩的三條參勤路線

與加賀藩及薩摩藩相較，仙台藩因為距離江戶較近，因此參勤交代的路程約八天左右。與加賀、薩摩兩藩同樣擁有三條路線。

【第一條路線——奧州街道路線】

仙台藩的參勤行列固定走奧州街道前往江戶。仙台與江戶之間相隔九十二里，相當於三百六十公里左右。根據慣例，在江戶前期路程約八天七夜，時至後期路程則為九天八夜（〈仙台藩の参勤交代〉《仙台市史》通史編三）。

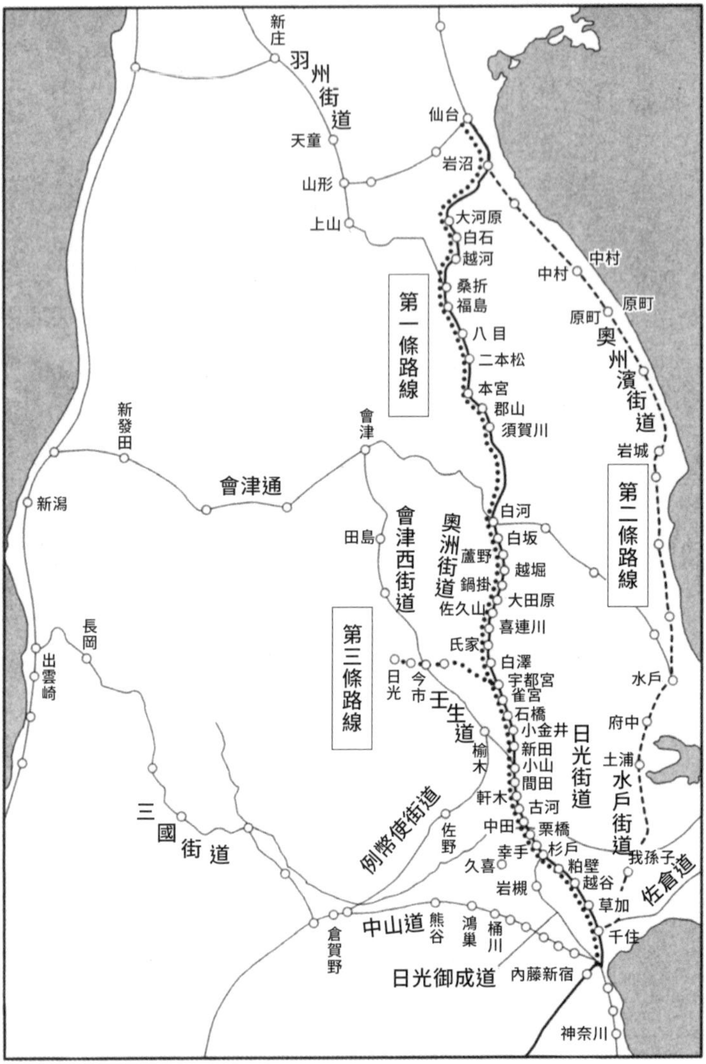

圖三　仙台藩伊達家的路線

具體行程如下。

元祿十四年（一七〇一）三月二十六日，第四代藩主伊達綱村於辰下刻[24]（上午八點半）從仙台城啟程。當天投宿在領內的宮宿。

隔天二十七日不吃早餐，於卯刻（清晨六點）從旅店出發。辰上刻（上午七點半）進入白石城，在城內用早餐。

通常大名只擁有居城，不過仙台藩卻是例外，獲准擁有白石城。歷代白石城主均由仙台藩的重臣片倉小十郎[25]擔任。

自伊達政宗以來，每逢參勤交代之際，藩主一行人都會在伊達家的支城白石城休息或住宿。片倉以下的家臣在此拜見藩主、接受藩主賜酒也已成慣例。這一天下榻八町目宿。

二十八日住在須賀川宿；二十九日越過白河之關，進入關東，投宿下野國蘆野宿；三十日住在氏家宿；四月一日住在小山宿；二日住在粕壁宿。

到了四月三日，參勤隊伍渡過架設在隅田川上的千住大橋後，抵達江戶官邸。此即八天七夜的參勤路程。

24　編註：日文為「辰の下刻」。

25　片倉小十郎：仙台藩片倉氏初代片倉景綱通稱為「小十郎」，其後小十郎成了片倉家代代相傳的當主名稱。

【第二條路線——奧州濱街道路線】

第二條路線係經由奧州濱街道前往江戶。奧州街道是行經內陸地區的街道，相對於此，奧州濱街道則是行經太平洋沿岸的街道。

為何仙台藩會取道濱街道呢？原因是為了視察仙台藩位於常陸國的飛地龍崎（龍ケ崎），和參拜常陸國的鹿島神宮與下總國的香取神宮。

第五代藩主伊達吉村及第七代藩主伊達重村分別在享保十三年（一七二八）、安永七年（一七七八）、安永九年（一七八〇）取道這條路線。全程不只走濱街道，有時也兼走奧州街道。

【第三條路線——奧州街道、日光東照宮路線】

第三條路線與第一條路線大致相同，不同之處僅在於途中繞道前去參拜日光東照宮。由於途中從宇都宮取道日光，到東照宮參拜後再返回宇都宮，自然得多花些時日。

仙台藩參勤交代的路程以九天八夜居多，但過去也有晝夜不停趕路的強行軍，僅僅五天四夜便抵達江戶或領國的事例。

第二代藩主伊達忠宗及第五代藩主伊達吉村曾分別於正保二年（一六四五）、明曆二年（一六五六）及享保二年（一七一七）、享保四年（一七一九）僅花費五天四夜便抵達目的地。原因是世子以及母親病危。

不辱「伊達者」之名的大名隊伍

在上一章中曾提到，對諸大名而言參勤交代是宣揚自家威嚴的最佳場合。走在隊伍前頭的持槍奴僕互擲長柄槍的表演，為參勤交代的象徵。

不光是表演。

就連參勤隊伍身上的裝束，也相當出眾。身穿華麗服飾進行表演，是在他藩行列中看不到的——從這點來說，仙台藩可謂出類拔萃。

仙台藩的參勤隊伍自當時起即以氣派聞名，而首開此風的就是藩祖伊達政宗。

在日文當中，以誇張的舉止引人注目或是注重門面、修飾外貌，被稱為「伊達」。其語源來自伊達政宗的下列舉動。

伊達政宗在臣服豐臣秀吉後，便奉命出兵朝鮮。秀吉命他派遣一千五百名士兵，但政宗卻率領規定人數的兩倍，即三千名士兵前往京都。

在京都，不僅只有東北地方，關東及中部地方的諸大名軍隊也集結在此，其中以伊達家軍隊的服裝上飾以金色、最為顯眼。

在表示伊達家軍隊的旗幟上，繪有金色的日之丸；騎馬武士插在背部鎧甲上的黑色母衣[26]，則繪有金色半月；插在腰間的大小太刀刀鞘是用黃金打造。就連足輕也頭戴金色陣笠，在所穿具足[27]的胸前與背部均繪有金星。

伊達家的軍隊從騎馬武士到足輕，身上全都穿著飾有黃金的軍裝。就連馬匹也相當引人注目，身上穿著飾有豹、熊、虎等毛皮的鎧甲。

如此華麗耀眼的行裝，自然深受好看熱鬧的京都民眾的注目。這也是伊達家的名聲廣為人知的一大原因。

伊達政宗過去也曾靠誇張的演出讓眾人大吃一驚。當他遭到秀吉懷疑有謀反之嫌時，就以一身全白裝束上京，並派家臣扛著磔柱。

由於伊達政宗做出上述一連串驚人演出，世人開始稱呼舉止或打扮誇張華麗者為「伊達者」或「伊達男」。

自此，仙台藩繼承了伊達家的此一家風。參勤交代成為宣揚「伊達者」的絕佳場合。

下面是發生於天明八年（一七八八）的事例。

第七代藩主伊達重村在這一年回到領國，因幕府公務前往東北及蝦夷地的地理學者古川古松軒親眼目睹其回國情況。親眼目睹仙台藩隊伍後的感想，則記載於紀行文《東遊雜記》，大意如下。

根據古川古松軒所述，仙台藩的隊伍相當美觀，遠比石高較仙台藩高出十萬石左右的薩摩藩隊伍來得壯麗。倒不如說，他至今從未見過排場如此盛大的行列。

隨行人員的行裝讓眾人驚訝得瞠目結舌。詳細情況雖不清楚，可以確定的是排場相當壯觀。不辱「伊達者」之名。

仙台藩的參勤隊伍人數也相當多。

延寶三年（一六七五），第四代藩主伊達綱村首度進入領國時，隊伍總計約三千四百八十人。其規模幾乎與俸祿約高出仙台藩四十萬石的加賀藩相同。

之後將會提到，諸大名因財政困難開始著手節約參勤交代的經費。這才不得不減少隊伍人數。

而仙台藩也不例外。只不過與其他大名相較之下人數依然眾多，行裝華美如昔。

在整個江戶時代，參勤交代場合上的仙台藩始終展現「伊達者」本色。

26 母衣：原是以布幔綁在兜盔及背部鎧甲上，騎馬時隨風鼓起，用來防禦弓箭和投石攻擊的甲冑輔助武具。後來隨著作戰方式轉變為集體戰加上鐵砲傳入，作為輔助武具的實用性大為降低，轉變為重視外觀，改在竹製骨架上外裹一層布幔，插在背部鎧甲上以區分敵我，成為一種旗指物。

27 具足：廣義上泛指甲冑，狹義上指當世具足。

【第三章】

狀況不斷的參勤交代

一、旅途中的持刀爭執

約束隊伍的規則

參勤交代是指為期數天到十幾天的團體行動。而且是規模多達數百人甚至上千人的團體，當然容易產生糾紛。

對諸大名而言，參勤交代是宣揚自家的絕佳場合，但在另一方面，若隨行藩士於所到之處引發糾紛，形象敗壞的風險也會提高。

因此，出發前必須制定應遵守的規則，且俾眾周知。

我們來看這些規定的具體內容（山本博文《參勤交代》）。

根據秋田藩佐竹家於天明八年（一七八八）發布的規則，列出以下禁止要項：例如不在宿場等處強行推銷、不口出蠻不講理的話、不做無理之舉……。換句話說，上述行為所在多有可想而知，甚至頻繁到向佐竹家抗議抱怨。

關於住宿費，秋田藩下令依照藩的規定支付。由此可知，藩士與宿場間曾發生金錢糾紛。在後面也將提到，藩與宿場間同樣會發生這類爭執。

另外，秋田藩規定以梆木代替時鐘，讓團體採取規律行動。步驟如下：早晨聽到敲第一次梆子時，全體起床；敲第二次梆子時，做好啟程的準備；第三次敲梆子時，整頓隨行人員，準備啟程。不光是在宿場起程時，在旅途中也透過敲梆子統制隊伍的行動。

此外，秋田藩還要求藩士途中無論發生任何事都得忍耐。待抵達江戶後，再行判斷事情的是非曲直。

簡單講就是嚴禁吵架爭論，武士間的吵架最後容易演變成持刀爭執。若是同藩藩士間的爭吵倒還無所謂，若是與其他大名的家臣或領民起爭執，事情就會變得相當棘手。因此強迫藩士自制。

另外根據岡山藩池田家於寬永元年（一六二四）定下的規則，規定舉凡高聲喊叫、與人賭錢、在旅館唱小曲或欣賞尺八等樂曲、帶妓女到房間等，一律禁止。

接著看他藩的事例，訂有不准擾亂隊伍、步行時不可大聲說話、路況再差也不能藉口抄近路而穿過農田、要走在街道的中央、嚴禁飲酒等規則。無論哪個藩，所制定的規則內容全都大同小異。

如上所述，在參勤之際，各藩對隨行家臣列出的規則相當詳細。會津藩松平家於延寶八年（一六八〇）所制定的規則甚至多達七十二條。

可是，就算規則制定得再怎麼鉅細靡遺，依然糾紛不斷。諸大名也為收拾善後所苦。

麻煩的持刀爭執善後工作

在參勤交代途中，最讓大名們擔憂的就是吵架爭論所衍生的持刀爭持。我們來看藩士間發生的相關事例。

這是發生在享保五年（一七二〇）五月八日的事。

備中新見藩主關長治一行人在回國途中，藩士小川三郎兵衛與延原伊平次在東海道的駿河江尻宿發生爭吵。兩人拔刀相對，後者當場死亡。居中勸架的井村十郎次也負傷。

負責管轄江尻宿的是幕府代官小林又左衛門。由於發生死傷事件，遂從代官所派手代[1]出差。開始進行審訊。

新見藩的目付役也到場出席。目付役的任務是監察藩士，同時也擔任參勤道中取締役。

審訊的結果，雙方的確發生爭執，遂判小川三郎兵衛切腹。此乃根據喧嘩兩成敗[2]法則，若是延原伊平次還活著，同樣也得切腹。

至於居中勸架的井村十郎次雖在當地接受治療，結果傷重不治，於五月二十三日去世。

由於當時關所不准傷員通過，新見藩為了讓井村十郎次回國，曾請求幕府發給關所的通行許可證。

江戶通行許可證於五月二十五日發出，可是井村十郎次已不在人世。因此，新見藩還得重新申請通行許可證發給無效才行。同時還得支付禮金給添了不少麻煩的宿場及醫師。

一旦問題演變成持刀爭執，就得處理一連串麻煩事並且多花一筆費用。

「切捨御免」造成的影響

除了參勤交代外，時代劇中也常描繪穿越大名隊伍者遭到斬殺的場面。稱作「切捨御免[3]」。

當時，對武士做出無禮之舉的町人[4]與農民就算被武士當作無禮之徒，進行「無禮討」，也不會受罰。然而，進行無禮討之後的善後工作相當麻煩，因此武士們即使遭到無禮對待，也

1 手代：江戶中期以後，作為郡代、代官的下屬，負責農政事務的下級官員。

2 喧嘩兩成敗：此乃中世及近世日本的法則之一，即雙方發生爭執時，不管原因及孰是孰非，雙方軍得遭受處罰的原則。

3 切捨御免：江戶時代，武士除了有稱姓帶刀的權利外，也有殺人的特權。當武士遭到難以忍耐的無禮對待時，就算斬殺對方（切捨御免）也不會受罰。切捨御免被視為一種正當防衛，又稱作「無禮討（無礼討ち）」。

4 町人：江戶時代居住在都市的工匠與商人的總稱。

會盡量忍耐。

這是因為，一旦交由官府審判該行為是否屬於無禮之舉，過程只會為主君及同僚平添麻煩。

不僅如此，恐怕還有後患之憂——即免不了遭到被無禮討者的怨恨。

其中，也有大名在進行參勤交代時遭到「無禮討」。以下是第十一代將軍德川家齊之子，後來成為播磨明石藩松平家的養子、就任第八代藩主的松平齊宣事例。

明石藩松平齊宣的參勤交代隊伍相當奇特。

負責隊伍警備的家臣僅在腰間插一把腰差[5]，身穿半纏[6]及股引[7]做町人旅裝打扮。而且僅限於通過尾張德川家領地時才做這身打扮。原因在於，藩主齊宣過去曾在木曾路上引發「切捨御免」事件。

木曾係尾張藩領地，適逢齊宣的隊伍通過木曾之際，一位名叫源內的獵人的三歲大幼兒不慎穿越隊伍。這名幼兒遂被抓進齊宣下榻的本陣。

村子的名主們立刻前往本陣，央求明石藩大發慈悲。

未料齊宣卻不答應，竟以穿越隊伍、傷害他身為將軍之子的自尊為由斬殺幼兒。

由於領民遭到斬殺，尾張藩向明石藩提出強烈抗議。

雖說穿越隊伍有錯在先，可是對方還只是個沒有判斷能力的幼兒。正因如此，眼看自己的領民遭其他大名斬殺的領主，當然無法坐視不管。

這跟顏面盡失沒兩樣。想必尾張藩一定如此認為，若置之不理，將無以面對領民。尾張藩也有身為德川御三家的自尊，且其身份地位遠高過明石藩。

情緒激動的尾張藩拒絕讓明石藩通行領內。可是對明石藩來說，必須得通過尾張藩領才能夠前往江戶。

束手無策的明石藩只好在通過尾張藩領時，改採町人打扮，停止以大名隊伍之姿前進。

這件事還有後續。

愛子慘遭殺害的獵人源內心懷怨恨，於是攜帶鐵砲，待齊宣的隊伍通過木曾路時尾隨在後。

不久，松平齊宣罹患不明疾病，病情相當嚴重，俯仰之間便撒手人寰。享年二十歲。

松平齊宣遭源內槍殺的消息，則煞有其事地在坊間散布開來。至今仍然真相不明。

5　編註：腰刀。
6　半纏：和服的一種，是將羽織簡化為衣長較短的短上衣。
7　股引：為日本傳統褲裝，在江戶時代常作為作業服穿用。

在妓院睡過頭的家臣

諸大名在參勤交代的途中非常擔心家臣出亂子。但仍有家臣不顧主公的擔憂，為了尋求解放而在住宿的旅籠屋召妓，叫人傷透腦筋。

對此處分當然免不了。前面已經介紹過，各藩早在參勤交代啟程前就已嚴令禁止在房內召妓。

明知得在旅途中陪同主公上路，卻因年輕難忍衝動。找來略有幾分姿色的飯盛女8，隔天早晨卻不知不覺睡過頭，在得知主公早已啟程後頓時倉皇失措，只得從後頭追趕，有時甚至費時三天也追趕不上。旅途中並不會遭到處罰。待抵達領國後，立刻被處以「差控9」，在家謹慎三至四日。並遭到嚴重責難。這些都會由供頭10負責調查全程隨行人數，並審問「是否看到某某人，他人在哪裡？」，立即真相大白。我雖身為徒士11小頭，卻不慎睡過頭被丟下，感到慚愧之至，立刻慌忙上路。真是無臉見人。隨行人員當中也有家老，若被家老看穿我行為不端，對我怒目而視的話，那就麻煩了。……回到領國後不僅禁止進城，還被罰三日差控，亦即在家謹慎，從現在來看，實乃從寬處置。甚至有人受罰五、六次。真是沒出息（篠田鑛造《增補幕末百話》）。

既然做出有辱武士顏面的行為，自然就得遭受相應的處分。且待參勤交代旅程結束後才會受罰。

犯錯的家臣回國後，會被要求在家謹慎（「差控」）。不過謹慎期間僅三天。

此一處分並不算嚴格，因此有人犯下這類不檢點之舉多達五到六次。

在參勤旅途中，犯下這類錯誤者所在多有。而此舉別說是當事人，同時也是大名家的恥辱，因此沒有公諸於世。

8 飯盛女：江戶時代在宿場提供性服務的私娼。

9 差控：さしひかえ，江戶時代的刑罰之一。當武士及公家或是其家臣、親屬發生過失時，就會遭到禁止出勤，在自宅謹慎。

10 供頭：ともがしら，在武家時代，負責管理隨行人員的官員。

11 徒士：かち，為江戶時代的下級武士，主要擔任主君身邊警衛的步卒。

二、發生天災

富士山爆發，變更路線申請不斷

在上一章曾提到，參勤交代的路線是由諸大名向幕府提出申請、經許可後所決定。大名們不可擅自決定路線。

文化八年（一八一一），出羽庄內藩主酒井忠器未向幕府提出申請，便擅自上江戶參勤的變更路線。此舉觸犯了幕府的忌諱，結果酒井家的家老遭到罷免。

原則上，參勤交代的路線均已固定。不過若因發生天災阻礙通行時，幕府也會同意調整。

寶永四年（一七〇七）十月四日，發生震央在東海海面的大地震。沒多久，大海嘯襲擊東海道沿岸，造成眾多死傷。受到地震的觸發，十一月二十三日發生富士山大爆發。

富士山噴發的大量火山灰對駿河、甲斐及相模國的農作物造成重大損害。另外東海道也遭到嚴重損害。

因此，向來走東海道的諸大名遂變更路線，改走中山道，但因通行量大幅增加，中山道上的各宿場皆無法承受行李繼送12的負擔。另一方面，復原後的東海道上各宿場則因通行量驟減，顯得相當寂寥。

為避免上述情況發生，於是限制中山道的通行。正德四年（一七一四）十一月，幕府破例拒絕原本走東海道的大名改走中山道的要求。

幕府費盡心思，避免參勤交代造成道路過於擁擠。文政五年（一八二二），主管交通行政的道中奉行指定諸大名應通行的街道，分配如下：走東海道的大名為一百四十八家、中山道三十家、奧州街道三十七家、日光街道三家、甲州街道三家。

然而，逢天災無法通行時，幕府應大名提出申請准許變更路線的方針仍然不變。若有需求，大名們得在參勤交代的途中派遣使者，前往幕府提出變更路線申請書。

下面來看加賀藩的事例。

加賀藩主前田齊廣在文化十一年（一八一四）參勤時，由於親不知斷崖受到風雨及大浪襲擊造成道路損壞，於是從【第一條路線——北國下街道與中山道路線】變更為【第三條路線——北國上街道與美濃路、東海道路線】（詳見本書第六三頁圖一）。

下一任藩主前田齊泰也在嘉永元年（一八四八）參勤時，因地震襲擊信州，從【第一條路線

12 繼送：つなぎおくり，是指為了江戶幕府出公差的旅客，以接力方式將這些旅客的行李從上一間宿場運送到下一間宿場，此即繼送。

——北國下街道與中山道路線】變更為【第二條路線——北國上街道與中山道路線】。

上述事例均是幕府認定加賀藩陷入困境，以事後承認、也就是追認的形式，准許他們變更路線。

「川留」造成重大失算

提到諸大名在參勤交代時共同面臨到的天災，就想到下雨。不管是哪個大名都為了河川漲水造成川留所苦，誠如俗話說「駿馬難越大井川」，最大的難關就是大井川的川留。

幕末有一位名叫內藤鳴雪的人物，生於伊予松山藩士之家，到了明治時代擔任教育官吏。關於大井川的川留，他在自傳中回顧如下：

以東海道為首，無論行經哪條道路都會遇到名為「川留」的麻煩事。當降雨不斷、河川漲水時，情況相當危險，故禁止渡河（中略）諸如大井川等尤其容易發生川留。川留雖對旅客造成困擾，反之卻對河川兩岸土地上的居民帶來極大的幸福。因為旅客會在此花錢投宿。當大名投宿時，一行人必定會包下整個驛站，因此時逢進行參勤交代的大名相繼來到此時，若遇川留，則前一位大名在河畔的驛站投宿，下一位大名就得投宿於下一個驛站。因為川留，這些大名在當地的花費相當可觀（內藤鳴雪《鳴雪自叙伝》岩波文庫，二〇〇二年）。

若以城池做比喻，大河川的功用就相當於「堀」。正因如此，基於軍事目的，幕府採取嚴禁在大河川上架橋的方針。

是以渡河時必須搭乘渡船或由挑夫運送。但在大井川上禁搭渡船，最終只剩下由挑夫運送或搭乘蓮台、再由挑夫抬著蓮台渡河的選項。

當降雨造成河川漲水，無法將旅客安全運送到對岸時，就得川留。

無論是參勤交代的大名或者一般旅客，沒有比遇上川留更麻煩的。不僅得被迫更改計畫，由於只能待在河川附近的宿場動彈不得，暴漲的住宿費成了煩惱的根源。

換句話說，就是不得不在宿場花錢。以大井川為例，東海道金谷宿及島田宿皆因川留大撈一筆。

即使是准許搭乘渡船的河川，若因漲水而使水深提高，為了安全考量仍不會出船，只得川留。後續發生的一連串狀況與大井川完全一樣。

當雨水變多時，雖不至於到危險程度，船家卻說無法開船而停駛。儘管貴為大名，遇此狀況仍然無法渡河。此外，幕府嚴禁搭乘當地船隻以外的船渡河。諸如大井川，雖可依靠挑

夫運送渡河，但泛舟自然遭到禁止。我曾聽人說，據說大井川等為了讓河川盡快漲水，特地只將渡口一帶挖得較深（同前）

據說大井川只有渡口一帶水深特別深。因而提高了川留的可能性。雖不清楚這起傳聞是真是假，但大井川的川留的確讓旅客吃盡苦頭，甚至到了疑神疑鬼的地步。

內藤鳴雪也在書中介紹下列軼事：一名受困於大井川動彈不得的熊本藩士怒氣沖沖地說道，怎能因為這種程度的河川漲水就得川留。既然無論如何都無法渡河，那我就游泳過去吧！後來在旁人的勸說下才打消念頭。相信這樣的場面多得不勝枚舉。

黃昏六時投宿，清晨七時出發

前面已介紹過加賀藩遭逢風雨大浪，甚至地震而變更路線的事例，其實他們也有因應路線變更的相關對策。那就是事先擬定時刻表。

江戶參勤是對幕府履行的重要義務，絕不允許遲到。正因如此，加賀藩才如同現代的鐵路公司般擬定運行時刻表，以便不得不變更路線時也能盡量避免遲到。

當然加賀藩並非特例。其他藩也同樣會事先擬定時刻表。

無論如何，站在參勤大名的立場，提早行程才是最安全的辦法。

旅途中，天氣當然不可能日日放晴，偶有刮風下雨，也遭遇下雪。根據地區不同，在刮風下雨或下雪的日子，隊伍的行進速度就會減慢，到頭來將提高延遲抵達江戶的風險。因此，諸大名不僅會擬定時刻表，也會盡量增加每日的步行距離。

關於參勤交代的旅程有這樣一首歌，歌詞是：「鍋島薩摩惹人厭，黃昏六時投宿，清晨七時出發（人のわるいは、鍋島・さつま　暮れ六ツ泊まりの七ツ立ち）」。

這首歌是指薩摩藩島津家與佐賀藩鍋島家的隊伍於黃昏六時（下午六點）抵達旅店，隔天清晨七時（凌晨四點）就啟程。目的是為了趁天還亮時盡可能多趕路。

其中也蘊含諸大名想盡量減少住宿天數的用意。還能節省旅費。

可是，天色暗了才入住，一大早就啟程對本陣及旅籠屋造成極大的困擾。其中最惡名昭彰的就是薩摩藩及佐賀藩的強行軍，從「鍋島薩摩惹人厭」這句歌詞就能一目了然。

假使沒有抵達預定宿場，得投宿其他宿場的話，就得取消預定宿場的住宿。當然也會出現補償金的問題。

困擾不僅只補償金，下回進行參勤交代時極有可能被宿場拒於門外。在後面會提到，加賀藩為這個問題傷透了腦筋。

正因如此，大名們才盡可能增加每日的步行距離。

三、主公忽染急病與驟逝

搭駕籠趕路苦不堪言

大名是參勤交代的主角。基本上，大名在旅途中以搭駕籠為主，有時也會下駕籠步行或騎馬。

馬雖是隊伍的成員之一，但牠們究竟身負何種任務？最重要的是，當主公遭逢危險時，能夠騎馬逃離現場。

不過實際上主公鮮少騎馬，大多都是待在駕籠內。為何如此？

這是因為對警備人員而言，主公待在駕籠比更利於保護。偏偏對主公來說，沒有什麼比待在駕籠內更拘束痛苦的。

有關搭乘駕籠的感想，淺野長勳如是說。此一證言並非發生在參勤交代，而是上江戶城時的心得。

駕籠內僅鋪上一張薄墊子（中略）搭駕籠時，有時也會鋪上厚墊，不過這時得先跟家臣說聲「我腳不大方便，請見諒」才能上駕籠，我倒是從沒說過。由於是跪坐在薄墊子上，我也坐得不大舒服（淺野長勳〈大名の日常生活〉《幕末の武家──体験談聞書集成》）。

在江戶時，儘管搭駕籠的時間最長不過一小時左右，對坐在裡面的主公來說卻如同苦難。由於駕籠內僅鋪上一張薄墊子，不僅是腰、就連腳也隨之酸痛。

正因如此，換做是一連數日、從早到晚一直坐在駕籠的參勤交代，主公所承受的痛苦絕非一般。

長時間持續坐在狹窄的駕籠內，除了腰酸腳痛外，雖不至於演變成「經濟艙症候群」，卻容易壓迫內臟與血管，引發疾病。甚至可能引發攸關性命的事態。

因此，主公們待在駕籠外的情況並不稀奇。我們來看明和八年（一七七一）加賀藩主前田治脩回國時的事例。

當時，加賀藩是經由中山道前往金澤，前田治脩在松井田宿下駕籠後改騎馬，一直騎到碓井關所。碓冰峠則是以步行方式翻越。

越過碓冰峠後抵達輕井澤宿，在這裡改搭駕籠。過一段時間後，再下駕籠步行或騎馬。

在山口等山路上，主公大多會下駕籠步行。如遇陡坡，就只能步行通過。因為搭駕籠通過反而比較危險。

附帶一提，搭駕籠爬上坡度較緩的山道時，主公會面朝前方而坐；相反地，下坡時則會倒坐。

夜不成眠

雖然有時得以騎馬或步行，但在途中絕大多數時間仍被迫搭乘駕籠移動。甚至可以說，沒有其他旅程比參勤交代更讓他們受苦受難了。

基於上述，主公理應期待投宿於本陣，療癒一路以來的疲憊——但實際上卻非如此。淺野長勳如是說道：

旅途中在本陣投宿。房間內佈置得有如陣屋，並做好作戰準備。枕邊的地面上擺放著一排武器。到了夜晚，為了向世人顯示主公徹夜未睡，由兩名小姓端坐在枕邊朗讀書本。朗讀的書不是老生常談的盛衰記，就是太平記，讓人昏昏欲睡，有時同一段會重複兩次或者唸錯，但因小姓是在枕邊朗讀，讓人夜不成眠。因此一上駕籠就開始犯睏，在駕籠內睡著。旅途中，設有拉門的駕籠內置有菸草與火源。當時我還年輕，常會下駕籠改為騎馬趕路。累了

再上駕籠。這種情況並非沒有前例，只是少見，故第十二代安藝守在旅途中騎馬，讓世人都覺得稀奇。（同前）

參勤交代隊伍是一支軍裝隊伍，萬一發生狀況，就會立刻進入備戰狀態。這全是為了護送象徵大名家的主公。

一旦主公遇敵方襲擊遭受不測，就會斷絕家門。

為杜絕意外，旅途中必須隨時繃緊神經。就連主公投宿本陣時，也得提高警覺。

是以主公寢室的枕邊皆置有武器，擔任主公警衛的兩名小姓也會坐在枕邊值夜。實際上，小姓與就寢的主公間隔有屏風，他們隔著屏風坐在主公枕邊。

常在戰場是參勤交代的原則，即使夜晚也得讓周遭以為主公徹夜未眠。萬一敵方得知主公正在熟睡，極有可能遭到夜襲。因此主公的寢室整晚點著燈。

而坐在主公枕邊的小姓朗讀《（源平）盛衰記》、《太平記》似乎是慣例。其用意大概是避免值夜小姓睡著吧。有趣的是，朗讀的讀物都是軍記物語。

只不過對就寢中的主公來說，寢室內不僅燈火通明，身旁還有人朗讀，令人非常在意。如此一來，就算想睡也睡不著。

在居城及江戶官邸時也是一樣。不僅有小姓坐在枕邊，寢室內同樣燈火通明，根本無法入睡。

不過感到痛苦的不光是主公。

值夜的小姓必須顧慮到正在就寢的主公，因此連咳一聲也不行。主公的寢室成了令人喘不過氣的緊張空間。

如前所述，無論在居城、江戶官邸或者參勤交代途中，枕邊一定會坐著值夜的警衛人員。這麼一來，主公不可能安然入睡，自然會睡眠不足。

若是兩天一夜的旅途倒無所謂，不過參勤交代是為期數日到十幾天的長途旅程，必須得找地方補充體力才行。

主公究竟在哪裡補眠？

根據淺野長勳的證言，可知主公是在駕籠內補眠。反過來說，唯有在駕籠內主公才能夠一個人獨處。其他藩主應該也是一樣。

旅途中病逝

主公被迫在參勤交代途中備受磨難，對於體質虛弱、老病纏身或年邁的當主而言，痛苦二字根本不足以形容。

這彷彿是一場拼命的旅程。曾有主公在參勤交代途中發病，若是病情加重就得長期逗留，甚至還有主公因病過世。

松平忠刻是肥前島原藩第四代藩主。生於享保元年（一七一六），原是旗本家的次子，元文三年（一七三八），以養子身份就任本家島原藩松平家的藩主。

寬延二年（一七四九），島原藩必須上江戶參勤。

當時，前途有望的年輕譜代大名松平忠刻奉命擔任奏者番。這個職位的任務是在諸大名參謁將軍之際，負責向將軍報告。按照慣例，譜代大名以出任奏者番為敲門磚，將來就會升任老中或若年寄等幕府要職。

四月二十八日，島原藩一行人自島原城啟程。然而，忠刻患有老毛病——痔瘡，被迫於漫長旅程中搭乘駕籠，沒什麼比這更難過的了。

在出發前夕，他的腿部甚至出現水腫，同樣令人感到痛苦。

很顯然地，若在這種狀態下動身，病情鐵定惡化。於是忠刻出發前接受了治療，病情開始好轉。

然而，他在病情尚未痊癒的情況下迎接出發日，最終成了致命傷。

忠刻因為擔心無法順利完成參勤，所以踏上旅程，腿部卻開始發腫。到了周防國下松，症狀終於惡化到無法搭駕籠的地步。

忠刻不得不暫時停下來養病。他立刻派遣緊急使者前往江戶藩邸。

島原藩江戶藩邸在接獲通知後，留守居役田中伴右衛門於五月十六日前去向老中本多正珍提出報告，內容是藩主因病情惡化，不得不滯留在下松。翌日十七日，島原藩向幕府請求派出松平忠刻的主治醫生伴正山。當時，伴正山人在江戶。

十八日夜晚，由於忠刻病危，下松立刻派飛腳寄送跡式願書（繼承人申請書），好讓他的繼承人繼任家督。

若沒有繼承人，藩主死後家門就會斷絕。因此必須趕緊將跡式願書送達江戶藩邸。

願書中所列名的繼承人為長子松平吉十郎忠祇。早在四年前，幕府就已經同意嫡子吉十郎為繼承人。

但在這個時候，松平忠刻早已不在人世。他在五月十日就因病情惡化過世，享年三十四歲。

其實在跡式願書以飛腳送達的那天，告知松平忠刻去世的通知也已寄達江戶藩邸。

也就是說，島原藩隱瞞松平忠刻去世的消息提出了跡式願書。這是為了讓幕府先同意松平忠祇繼承家督，之後再告知忠刻的死訊。

十九日，留守居役田中伴右衛門向老中本多正珍提交跡式願書，獲得受理。之後又提交忠刻去世的通知，也同樣獲得受理。本多老中應該也明白其背後的內情。

這時，島原藩改由藩主松平忠刻的嫡子松平忠祇繼任藩主。只是，忠祇當時年僅十五歲。島原藩原協助福岡佐賀藩擔任長崎防衛，然因藩主年紀尚輕，靠不住，遂奉命移封至下野國宇都宮。宇都宮藩主戶田家則移封到島原。

在書面上已成前藩主的忠刻死於下松，被葬在島原藩松平家的墓所三河國的本光寺。而從江戶前往下松的醫師伴正山在接獲忠刻的死訊後，中途返回江戶。

四、手頭拮据進退不得

出不了江戶

如同本書開頭所述，「肥前妖怪」佐賀藩第十代藩主鍋島直正（閑叟）首度回國時，就因發生費用未付的償債糾紛，致使參勤隊伍出不了品川宿。細究原因，係從江戶一路追趕佐賀藩隊伍的商人，強行要求佐賀藩在回國前清償債務。

眼前的光景對閑叟而言，無疑是種恥辱。他在回國後將當時的屈辱銘記在心，抱著堅定不移的覺悟面臨坐困財政窘境的佐賀藩改革，而其他大名也面臨相同的難題。

下面就來介紹盛岡藩南部家的事例。這是第六代藩主南部利幹在位時的事。

事情發生在享保七年（一七二二）的除夕。約二十名常進出盛岡藩的商人大舉蜂擁至盛岡藩江戶藩邸，要求支付賒欠的帳款。

然而巧婦難為無米之炊，南部家就這麼拖過年。

至於待在藩邸內要求還款的商人們，則由目付田中久太夫與久慈恒右衛門兩人出面為盛岡藩的處置失當道歉，同時切腹以示負責。這才讓商人們撤離藩邸。

由上述事例就能明白盛岡藩內財政狀況一團糟，沒想到四年後又再度出現相同的光景。當時的藩主是利幹的侄子利視。

享保十一年（一七二六）十月，結束江戶在府期間的利視正要返回盛岡，可是當時盛岡藩卻缺乏回國的費用。

盛岡藩向領內的富豪借了五百兩，用這筆借款清償其他債務後，很快就一毛不剩。結果又如同四年前般，一群商人以債主之姿蜂擁至江戶藩邸，要求還錢。

這群商人想必擔心尚未還款就讓南部利視返回盛岡，盛岡藩恐怕會以藩主不在為由繼續拖欠。

未料盛岡藩的借款不光只有這些。債台高築的他們，始終籌措不到回國的旅費，直到出發日到來。

前來送行的賓客陸陸續續聚集在盛岡藩的江戶藩邸，由於阮囊羞澀，遲遲無法啟程。結果賓客就在無法目送利視啟程的情況下，紛紛離開藩邸。

在這期間，盛岡藩千方百計為籌款而奔波，總算籌措到數百兩。

眼見時候已進入黃昏，南部利視一行人就此從江戶藩邸出發。

即便藩主踏上回國的旅程，他們仍積欠經常出入江戶藩邸的商人們一筆鉅額。

討債人找上門來

兩個月後，進入這一年的臘月。

隨著除夕接近，大批商人再度蜂擁至藩邸要求還款。和上一回一樣，盛岡藩依舊拖過新年。

直到翌年享保十二年（一七二七）正月十五日，盛岡藩終於支付了一百五十兩。不過這筆金額僅占拖欠債務的一小部份。

由於藩處於貧困狀態，江戶藩邸的藩士生活自然相當慘澹。無奈得過著俸祿米拖欠給付、甚至得靠賣掉衣物等維持生活的日子。

享保十三年（一七二八）四月，藩主利視上江戶參勤。那群經常出入藩邸的商人彷彿等待已久，全都湧入江戶藩邸等候。

三番兩次遭到欺瞞的商人們採取下列戰術。

每當利視整頓隊伍、走出藩邸時，商人就聚集在藩邸門前強行要求還清欠款。如此一來盛岡藩的聲譽將大受打擊，自然只能答應還錢。

做出上述舉動的不光只有商人。令人驚訝的是，連增上寺的僧侶也採取同樣手段。

增上寺（淨土宗）是將軍家的菩提寺，與將軍家靈廟所在地寬永寺（天台宗）同為江戶數一數二的寺院，亦經營以大名為對象的金融業。盛岡藩向增上寺借貸了大筆金錢，尚有二千兩未還清。

因此，當欲登江戶城的利視隊伍出現在官邸玄關時，守候在門前的八十名增上寺僧侶便立刻上前要求償債。

在盛岡藩的控告下，此事交由幕閣進行評議。不出所料，增上寺遭到幕府斥責。

債主為催討欠款，跑到江戶藩邸門前大肆嚷嚷的事例似乎相當常見。就連米澤藩上杉家也曾因此感到相當困擾。

債主登門催討、上演修羅場的情況不僅出現在江戶藩邸。甚至在參勤旅途中，同樣的光景也屢屢發生。

福岡藩黑田家的參勤隊伍向來在京都南郊的伏見投宿，沒想到在本陣前也曾充斥著債主催收借款的吼叫聲。這全是因為福岡藩向京都及大坂商人借錢未還之故。甚至還有為了討債，直接攔住參勤隊伍的例子。

盤纏用盡

安永元年（一七七二），出羽庄內藩第七代藩主酒井忠德就任藩主後首度回國。當時忠德十八歲。與「肥前妖怪」鍋島直正首度回國時幾乎同齡。

毫無例外，庄內藩也為財政困難所苦。

因此，庄內藩在尚未籌措到返回酒田的全額盤纏下，從江戶啟程。此乃急就章之策。當然，庄內藩已事先通知領國趕緊寄錢，預估在途中會收到盤纏。

未料費用竟在抵達福島後用盡，卻仍未收到領國捎來的金援。

於是大隊人馬只好滯留在福島，等待領國的救援。據說藩主酒井忠德在得知自藩連盤纏也無法籌措的現況後，不禁潸然淚下。

沒能在出發前確保全額經費，計畫在途中籌措於是先行啟程、最後卻因盤纏用盡動彈不得的事例，見多不怪。

下面介紹的是熊本藩第五代藩主細川宗孝時發生的事。

當時熊本藩因財政匱乏，無法備足上江戶參勤的所需經費，只得再三延後出發。其後雖採取急就章之策，先啟程再說，卻沒想到抵達豐後鶴崎港後就已耗盡盤纏，連等候多時的船隻也無法搭乘。

在鶴崎港進退兩難期間，熊本藩想盡辦法到處籌款，總算確保足夠的費用。之後順利出船，細川宗孝一行人終於抵達江戶。

不過翌年準備回國時，熊本藩仍舊沒有事先確保回國所需經費，因此不得不延後從江戶啟程。

而佐賀藩鍋島家與柳川藩立花家在參勤交代時，也曾發生盤纏不足、在籌得經費前無法通行的事例。

五、與宿場的金錢糾紛

住宿費殺價

前面以盛岡藩為事例，介紹在參勤交代啟程時所發生的金錢糾紛，不過發生糾紛的對象不光只有債主。在隊伍下榻的宿場也會發生金錢糾紛。

大名通常住在本陣，而大多數隨行藩士則分宿於旅籠屋。由於人數眾多，住宿費的開銷相當龐大。因此諸大名經常強行殺價。

下面就來看安永十年（一七八一）萩藩毛利家的事例。

不清楚是哪一家宿場，不過這年春天的住宿費行情為住一晚一百四十三文。然而，萩藩卻以財政困難、諸事儉約為由，要求住宿費降價至一晚一百二十八文。

依照慣例，早在參勤交代出發約半年前預約住宿地點時，住宿費就已大致決定，最後在住宿前夕才會進一步確認金額。

當時由於米價節節高漲，宿場方面原擬調高住宿費用，因此萩藩的要求對宿場而言，毋寧是晴天霹靂。

交涉毫無進展，宿場方面只好妥協，降價五文錢，以一晚一百三十八文成交。

根據曾留下有關大井川川留寶貴證言的內藤鳴雪所述，住宿費殺價的情況屢見不鮮。

住宿時，一定會派家臣壓低住宿費。我記得每人住宿費約莫介於一百五十文到兩百文之間。換算成現在的金額相當於一錢五厘到兩錢之間。並提供本膳料理及燒洗澡水，在現代人聽來簡直難以置信。茶點只有煎餅，沒什麼特別的。現在也是一樣，早晨則提供灑糖的梅乾（內藤鳴雪《鳴雪自叙伝》）。

像這樣，大名方面強行殺價交涉，宿場方面自然不會有好評價。

不光是要求降低住宿費，就連中途在茶屋落腳休息的茶費也有要求降價的例子。例如大和郡山藩柳澤家等，僅支付區區兩百文的茶費。

柳澤家的俸祿達十五萬石，在譜代大名中是名列前五大的大藩，參勤交代的隊伍人數也高達數百人。

事實上，兩百文的茶費換算成現在的幣值不過約五千日圓。財政艱困至此，會誕生下列話中帶刺的詩歌恐怕也是莫可奈何。這首詩歌似乎是透過雲助[13]，也就是轎夫傳遍大街小巷。

13　雲助：くもすけ，指江戶時代在宿場及街道負責搬運貨物、渡船、抬駕籠的挑夫（轎夫）。

國在大和的郡山
俸祿一十五萬石
茶費僅付兩百文

由這首詩歌可知，參勤交代盡是金錢糾紛。

破壞本陣的備品

時逢參勤交代大隊人馬入住宿場，不消說，現場當然擁擠不堪。

因此當住宿日將近時，宿場會在出入口豎起預告的立牌。這種情況與休館相同。

此外，在本陣的大門也會豎起告知大名住宿的告示牌，稱作「關札」。手持關札的家臣會提前抵達宿場，與本陣主人商討住宿事宜。

住宿當天，一般旅客實際上無法入住。原因是宿場形同團體包場狀態。因此，宿場也會豎起具告知作用的告示牌，藉此減少因客房已滿無法入住而造成的混亂。

此外，由於奉為貴賓的大名下榻住宿，因此宿場內進入戒嚴體制。尤其本陣更是處於戰戰兢兢的狀態。同時也容易發生糾紛。在一般旅客看來，「君子不近危處」。

換句話說，對一般旅客而言，參勤交代隊伍只會造成困擾。倘若與他們的住宿日期重疊，則不僅無處投宿，也不免被捲入糾紛。

儘管站在宿場的立場來看，大批人馬投宿能帶來巨大的經濟利益，不過參勤交代隊伍未必是受歡迎的旅客。就算是住宿在本陣的大名，也是不受歡迎的貴賓。

前面已經介紹過旅籠屋被迫降低住宿費的事例，至於本陣，令人意外的是大名家竟未支付住宿費用，僅以小費為名目賞賜金錢。

問題是小費的金額，行情竟只有一至二兩。

本陣內不光只有主公在此過夜。包括守護主公的大批家臣在內，住宿費換算成現在幣值卻只有十萬至二十萬日圓左右，這筆交易顯然相當不划算。

更令人頭痛的是，本陣內的傢俱遭到損壞、遺失的事例多得不勝枚舉。這些全都是仗著自己的權威為所欲為的大名家搞的鬼。

而用餐時端出的碗、小鉢、酒壺等餐具，在用餐完畢後全數歸位者實屬少數。至於菸草盆及煙管也是一樣。

當然這也不全都是武士所為。其中還包括僱用的挑夫闖的禍。

不僅如此，這些武士喝醉了也常會揮刀亂砍房間，或是弄破紙拉門。

就算他們做出如此蠻橫無理的舉動，但對方可是大名，本陣方面也只能忍氣吞聲。

說起來，本陣原本就和旅籠屋不同，並非誰都能夠住宿的設施，而是大名與幕府官員專用的過夜處。

換言之，本陣為稼動率相當低的住宿設施。舉例來說，根據郡山宿本陣的紀錄，其住宿頻率幾乎每個月一次。

稼動率已經低得可憐，以小費為名目的住宿費也相當低廉，連陳設的傢俱都遭到損壞、遺失。另一方面，為維持本陣的威嚴，不可避免地需要一筆鉅額開銷用來維護管理。

因此，經營本陣可說是一樁相當不划算的生意。能得到的只有大名在此住宿的名譽而已。

接著按照慣例，本陣主人會向主公進獻當地名產等。而主公也會照例賞賜銀兩作為回禮。以廣島藩淺野家為例，賞賜作為午餐休息所的本陣銀幣兩枚，作為住宿所的本陣銀幣五枚為常態。

然而，後來大名方面卻拒絕收下進獻的財物。原因是只要不收獻禮，就不需要賞賜銀幣。從參勤交代的各種場面，可窺知大名家財政上的窘狀。

取消住宿

大名家與宿場之間所發生最嚴重的金錢糾紛，就是取消住宿。

這是因為臨時取消住宿會對宿場造成重大損失，自然會引發補償問題。這一點，無論是在江戶時代或現代都一樣。

取消住宿的原因，多半由於天候不佳導致日程延遲。若是遇到因大雨造成的河川漲水，不得已川留，原定住宿計畫就會被迫打亂。

下面就來介紹寬政十年（一七九八）四月加賀藩上江戶參勤的具體事例。這一年，加賀藩採取【第一條路線——北國下街道與中山道路線】進行參勤，但卻遭遇降雨作祟。

第一次川留是在越中國的片貝川。

因傾盆大雨造成片貝川漲水，必須川留，藩主前田治脩的隊伍只得暫住在附近的魚津。也因為川留，治脩一行人在越後國能生宿的住宿日從四月九日改為十一日。

其後片貝川解除川留，治脩一行人進入越後國，沒想到這次換成姬川漲水。最後還是無法在預定的十一日抵達能生宿。

迫不得已，治脩一行人只得改成在附近的糸魚川宿下榻，但已做好住宿準備的能生宿卻遭受重大損失。

十二日早晨，從糸魚川宿出發的治脩一行人抵達能生宿，僅在此歇腳休息後，隨即前往高田城下。當天住宿在荒井宿。

站在加賀藩的立場上，由於河川漲水導致參勤日程大幅延宕，無法在能生宿過夜。必須盡可能向前趕路。

然而從能生宿的角度來看，日程延宕是加賀藩的問題。不僅二度取消預約，最後只在此歇腳而未住宿，真是豈有此理。

就這樣，本陣主人大島市左衛門代表宿場，與加賀藩進行交涉。

其實在寶曆四年（一七五四）也發生過同樣的情況。當時，加賀藩付給本陣五兩、家臣預定投宿的旅籠屋六十兩作為補償金。

大島市左衛門追著加賀藩的隊伍來到荒井宿，開始交涉補償問題。可是交涉談不攏，他又繼續追著加賀藩的隊伍來到善光寺，繼續交涉。

儘管如此，事情仍得不到解決，最後變成在江戶進行交涉。遺憾的是，最終的結果並不清楚。

【第四章】

賭上大名自尊的參勤交代

一、武家社會序列的視覺化

大名間的階級差異

雖然概稱為大名，不過加賀百萬石前田家與一萬石的小大名間，卻有著極大的階級差異。俸祿是階級差異的基準自不待言，與將軍之間的距離也蘊含重大意義。

換句話說，貴為將軍繼承人候選順位的德川御三家地位居諸大名之首。愈親近德川將軍家的大名不僅備受優遇，階級也高。

透過幕府，獲朝廷賜與正二位、從三位等官位也是階級的基準。

大名的官位等級依序如下：御三家、加賀藩前田家、會津藩松平家等有力親藩大名、彥根藩井伊家等有力譜代大名、薩摩藩島津家及仙台藩伊達家等有力外樣大名、一般譜代大名及外樣大名。

而上述以將軍為首的諸大名之間的順位最一目了然的場所，就是在大名們齊聚一堂的江戶城內。原因是大名登城出席拜見將軍等儀式時，在殿中均由幕府根據家格詳細指定座位所致。

比方說，御三家規定坐在「大廊下」，親藩會津藩松平家、井伊家等在「溜之間」，島津家等有力外樣大名在「大廣間」，一般譜代大名在「帝鑑之間」，一般外樣大名則坐在「柳之間」。此即「殿席」。

不過，同樣都是坐在「大廣間」及「帝鑑之間」，家格高的大名坐在前方，家格低的大名就只得坐在後方。

因此，每當諸大名登江戶城時就會認清自己的地位。由於全國的大名都聚集在江戶城御殿，因此武家社會的階級順位也會在殿內顯現。

諸大名皆為一國一城之主，自尊心也高。使得江戶城成了大名彼此爭強鬥勝的場地。

於是大名們無不對升官鬼迷心竅，只要官位稍微提高，自己的席次就會提昇。為達目的，諸大名不惜砸大錢與幕府身居要職者打通關係，懇求即使房間不變，只要座位能稍微提前就好。

其實，大名之間的階級差異不僅在江戶城內才看得到。在參勤交代的旅途中同樣一覽無遺。

迎頭碰上的大名隊伍

在參勤交代的旅途中，大名隊伍彼此迎頭碰上並不稀奇。像是上江戶參勤的大名碰上打道回國的大名，或是偶然投宿在同一間宿場等。

大名隊伍彼此迎頭碰上時的對應方式視當事者大名的階級而異。簡單講，階級低的大名必須得讓路給階級高的大名。這時就會突顯出大名之間的階級差異。

在第一章中已經提到，參勤交代的作用就是向世人宣揚大名的階級。也可說是大名展現自尊的一種手段。因此，當大名隊伍彼此迎頭碰上時，很可能因雙方自尊心太強、引發衝突。

假使大名之間起衝突，發生持刀爭執時，該如何是好？

這時，基於喧嘩兩成敗法則，兩家都得接受幕府處罰。是以諸大名皆會彼此禮讓，盡量避免參勤隊伍迎頭碰上。

如前所述，加賀藩主前田治脩於寬政十年（一七九八）參勤時在越中國的片貝川遇到川留，導致日程延宕，受餘波影響，差點在中山道熊谷宿撞上綾部藩九鬼家的隊伍。

當天，加賀藩的參勤隊伍預定在熊谷宿下榻。

加賀藩原本在早些時候就該抵達熊谷宿，卻因川留導致日程大幅延宕。若按照原訂計畫，就不會在熊谷宿碰上綾部藩的行列。

九鬼家是俸祿一萬一千石的小大名，與前田家的百萬石相差懸殊。沒想到，前田家卻禮讓九鬼家，改在附近的本庄宿住宿。亦即百萬石大大名禮讓一萬石小大名。由此可見，大名之間彼此顧慮。

只是，有時也會發生無論如何都會撞上對方的情況。

下面介紹的例子，是從江戶打道回國的米澤藩上杉家在下野國的奧州街道大田原宿附近撞上江戶參勤的秋田藩佐竹家隊伍。

這兩家的俸祿相同。同是都外樣大名，也是自鎌倉時代以來的名門，家格幾乎相同。

當時，上杉家的隊伍靠向街道的左側，佐竹家的隊伍則靠向街道的右側，兩家隊伍就這麼交錯而過。當遇上主公的駕籠時，兩家的家老均伏首跪拜。

兩家的主公拉開駕籠的窗戶，向行跪拜禮的家臣敬禮。此乃基於兩家家世幾乎同等所做出的對應。

諸如上述，當參勤交代隊伍迎頭碰上時，則以家格作為禮法的基準。即使在旅途中，也會突顯諸大名之間的階級順位。

但由於大名的自尊心高，很可能會引發糾紛，這是不爭的事實。以家格同等的大名為例，正因為家格不相上下，引發糾紛的危險性也愈高。

即便家格不同，在同一間宿場住宿的藩士之間也容易引發爭吵等糾紛。

因幕府公事走訪奧州道中的旗本江連堯則，曾提出下列證言：

前往住宿的本陣時發生旅客碰在一起的情況嗎？這可是一大難題。說起來決定分配住房的日期相當麻煩，以前預約住房後，通常會在旅館的左右兩側掛上染有自家紋章的帷幕，我的話則會立告示牌，以粗筆字寫上「江連加賀守入住」等字，至於大大名等因家臣眾多，若是小間旅館，就會整棟包下。這麼一來，其他大名就無法入住。另外，也有兩、三位大名同住在一間旅館的情況，總之相當麻煩，在我離開江戶前往千住住宿當天，恰巧仙台侯也從江戶啟程，決定在千住投宿，因此負責住宿的官員便從千住前來進行交涉，我說道：隨行人員只有數人，住在脇本陣就好，仙台侯卻回道：請您住在本陣，結果仙台侯延期一天，於翌日入住千住（桂園〈御朱印道中・御目付〉《幕末の武家——体験談聞書集成》）。

在證言的後半段，介紹江連堯則在奧州街道的第一間宿場千住宿差點與仙台藩一起同住的事。

江連堯則向伊達家提議自己住脇本陣，將本陣讓給伊達家，伊達家堅決推辭。以上是雙方彼此禮讓以免產生無謂糾紛的事例。

不過接下來會提到，也有雙方互不相讓，進而發展成糾紛的事例。

繞道而行

接著繼續來看大名隊伍迎頭碰上時的對應。

諸大名在進行參勤時，都會彼此禮讓，避免自己的隊伍與對方迎頭碰上，不過這在江戶可行不通。

原因是，三百諸侯當中約過半數以上經常留守在江戶。倒不如說，大名隊伍彼此迎頭碰上乃是家常便飯。淺野長勳如是說道：

旅途中，大名隊伍鮮少發生迎頭碰上的情況，不過在江戶卻老是碰面。看見正面迎來的隊伍時，在前方的人會通知說是上杉彈正大弼大人。隊伍交錯時，若搭乘的是設有拉門的駕籠，就會開半扇門。若是裝設吊簾，則由隨侍駕籠旁人員掀開簾子，點頭示意。駕籠不會停下來。不論在路上遇到哪位大名，都是這麼行禮。若對方是御三家，就不得不下駕籠行禮了，不過這時大多會避開（〈大名の日常生活〉《幕末の武家——体験談聞書集成》）。

上述介紹廣島藩淺野家的隊伍與米澤藩上杉家的隊伍迎頭碰上時的對應方式。而且對應方式會根據所搭乘的駕籠種類不同而異。

若是搭乘裝設拉門的駕籠，則開半扇門點頭示意。行禮時不會逐一停下隊伍。這是因為，若是隊伍停下來將會造成交通堵塞。

若是搭乘裝設吊簾的駕籠（打ち上げの駕籠），則由隨侍駕籠旁的家臣掀開簾子，點頭示意。裝設吊簾的駕籠是指左右沒有拉門，出入時需掀開簾子的駕籠。無論如何，不停下隊伍點頭示意乃是慣例。

上述是在江戶各地都能見到的光景，不過這是同一階級的大名的情況。只要看到這樣的光景，就能明白淺野家與上杉家屬於同一階級。此即階級順位的視覺化。

然而，同樣是大名隊伍，若是與御三家的隊伍迎頭碰上時，就得下駕籠打招呼才行。就算是廣島藩等級的大藩也不例外。

不過，上述情況鮮少發生。原因是，大名的自尊絕不容許這種情況發生。因此，若是快要與階級比自己高或是御三家迎頭碰上時，就會急忙變更路線，繞路而行。

關係交惡的大名

在參勤交代的旅途中，無論哪個大名都不得不通過他藩領地。這種情況下也曾發生刻意繞遠路的事例。

舉例來說，九州最具代表性的外樣大名熊本藩細川家、佐賀藩鍋島家、久留米藩有馬家都會刻意繞路，避免通過領有九州北部筑前國的福岡藩黑田家的領地。

原因為何？

這是因為長久以來，細川家、鍋島家、有馬家與黑田家一直處在水火不容的狀態。若是大名之間關係險惡的話，自然也會對參勤交代造成不良影響。

歷經戰國亂世後，全國的大名誓言服從德川將軍家，不過諸大名之間的關係不見得良好。關係雖不至於差到要開戰，長期處於不和的事例並不少。

當時，黑田家與細川家關係不和是眾所皆知的事實。其契機可上溯到關原之戰剛結束後。對東軍德川家康的勝利大有貢獻的黑田長政，俸祿從豐前中津十二萬石躍升為筑前國五十二萬石，同時新建福岡城作為居城。此即福岡藩歷史的開始，更換領國時，黑田家徵收了舊領豐前當年的年貢。種下了與細川家起糾紛的種子。

同屬於東軍並立下軍功的細川中興，從丹後宮津十二萬石轉封至豐前中津三十三萬石。即入主黑田家的舊領，但因當年的年貢米已全被黑田家徵收了，導致生活拮据。

細川家要求黑田家歸還年貢米，卻遭到拒絕。此一問題變得複雜化，使得兩家陷入一觸即發的狀態。

後來年貢歸還問題雖透過仲介居中斡旋得以解決，兩家的關係卻以該事件為契機變成水火不容。即使在江戶城內擦肩而過或是隊伍在路上迎頭碰上，雙方也不會點頭打招呼。

之後，細川中興將居城遷至豐前小倉城，到了其子細川忠利的時代，改封至肥後熊本五十四萬石，熊本藩細川家的歷史就此開始，不過與黑田家之間的關係依然險惡。

就這樣，熊本藩在參勤交代時會避免通過福岡藩領。而佐賀藩與久留米藩也曾與福岡藩發生某些糾紛，同樣也避開福岡藩領。

到了元文元年（一七三六），福岡藩與熊本藩才達成和解。自此，熊本藩的參勤交代隊伍才開始通過福岡藩領。

大名之間關係不睦的事例有不少，像是加賀藩前田家與二本松藩丹羽家、盛岡藩南部家與弘前藩津輕家、日向飫肥藩伊東家與薩摩藩島津家等。

前田家與丹羽家是以關原之戰雙方敵對為契機，關係陷入不和。

南部家與津輕家關係不睦得上溯到豐臣秀吉時代。津輕家原是南部家的家臣，後來受到豐臣秀吉的提拔，成為與南部家地位並列的大名。這也成了兩家關係不和的開始。原因是這讓南部家覺得不是滋味。

至於造成伊東家與島津家關係不睦的契機，則是在伊東義祐敗給島津義久，被流放到日向，之後逃到豐臣秀吉旗下。當豐臣秀吉討伐島津家時，伊東義祐子因其子伊東祐兵帶路有功，獲得本領安堵，從島津家奪回失土。而在關原之戰結束後，伊東家與敗給德川家康的島津家開戰。上述經過就是造成兩家不和的原因。

薩摩藩在進行參勤交代時，照慣例會避免通過飫肥藩領。其原因正是源自戰國時代兩家不和。

二、為人忌諱的葵紋

「抬頭」、「靠近點」

如前所述，諸大名傾向避免與德川御三家的隊伍迎頭碰上。原因是得下駕籠跪拜打招呼。因此，若是快碰上御三家的隊伍時，就會趕緊改道，繞路而行。

御三家之所以受到特別待遇，是因為貴為德川一門之故。換句話說，關鍵在於葵紋。「你們沒有看到這個家紋嗎？」是時代劇「水戶黃門」中為人津津樂道的經典台詞。只要亮出印有葵紋的印籠[1]，惡徒就會立刻伏首下跪，可見在江戶時代，德川家這塊招牌擁有絕大權威。看到葵紋立刻伏首下跪的光景，絕非純屬虛構。

幕府為了提高葵紋、亦即德川這塊招牌的價值，使出各種手法。也可說是為了讓世人認為將軍乃遙不可及的存在所使出的手法。目的是為了將將軍神格化。

在江戶城內晉見將軍之際，會聽到固定台詞。

聽到「抬頭」時才能抬頭，是時代劇中一定會出現的場面，實際上卻非如此。為了表示對將軍的敬意，必須誠惶誠恐地裝作不敢抬起頭才行。就算聽到「靠近點」，也只能誠惶誠恐地移動一下膝蓋，此乃約定俗成的老規矩。

就算是日本最大的大名加賀藩的主公也是一樣。不准抬頭正視將軍的臉。

若是抬頭正視將軍會如何？就會被負責檢查殿中是否有人不遵守禮法的御目付視為不敬，嚴加斥責。

拜謁空間的禮法實為嚴格。進行拜謁時，若是手碰觸到榻榻米的邊緣或是脇差碰到障子門，目付就會立刻飛奔過來，不得出城。這也被視為不敬。

幕府希望諸大名面對將軍時產生緊張感。如此嚴格的拜謁規矩，成了將軍威嚴的泉源。

在江戶城進行行拜謁將軍的儀禮時，必有警蹕。所謂警蹕，是指天皇及貴人出入或舉行神事時，負責清道的人會出聲吆喝，警戒行人。使周遭肅靜。這時會發出「喔——」、「噓——」等聲音。現在仍為眾所熟知的就是「噓——」這一詞。

在江戶城也會使用「噓——」這一詞。主要是在城內負責雜務的御坊主眾所使用。

在這個時代，前來江戶親臨晉見將軍場面的歐美人，對於警蹕這一儀禮全都受到極大的文化衝擊。

當聽到示意對將軍敬禮，亦即將軍駕到的「噓—御坊主眾」聲時，城內的空氣頓時為之一

1　印籠：掛在腰間的三層或五層長筒形小漆盒。江戶時代主要用作小藥盒。

變。就憑這一詞，一瞬間周遭陷入一片寂靜。

對歐美人而言，這一光景讓人難以理解。瞬間讓整個場面陷入沉默的「噓——」這一詞，簡直就像魔法咒語。如同水戶黃門的印籠般。

在西歐各國看不到這種儀禮。如同描繪加冕儀式及紀念慶典的繪畫所示，在西歐舉行儀式時，正如同慶典般熱鬧華麗。

另一方面，江戶城內的儀式則受到沉默支配，營造出神秘性。這對歐美人而言，充滿了東方神秘色彩。同時也提升將軍的威嚴，亦即神格化。

將軍御成的禮法

前面已介紹以江戶城內為舞台，實施提高將軍神格化機制的事例，這在江戶城外也是一樣。

將軍離開江戶城出巡，稱作「御成」。

自古以來，御成一詞是指皇族及攝政、關白等朝廷最高權力者出巡之意，在江戶時代主要是指將軍出巡。附帶一提，將軍所通過的道路稱作「御成道」。

將軍出城辦公，是前往歷代將軍的靈廟上野東叡山寬永寺和芝三緣山增上寺參拜。

將軍每出城一趟，幕府就在江戶市町實施各種規制。像是下令家家戶戶得關上防雨板、用紙糊門窗縫等。

上述規制不僅適用於陸路，同樣也適用於水路。比方說，當將軍的座船通過隅田川前往濱御殿時，兩岸的民家同樣有義務得用紙糊門窗縫。

幕府為何下令民家得用紙糊門窗縫呢？

這是為了不讓民眾目睹將軍的身影。目的是藉由將將軍塑造成遙不可及的存在，讓民眾感受到將軍威嚴。如同正眼直視神佛就會瞎掉的傳說般，讓民眾產生將軍乃是不可雙眼直視的崇高化身。擺明將將軍神格化。

反過來說，愈是採取嚴格措施，愈會讓人想目睹將軍的尊顏。

在法國等地，政府藉由讓人民目睹國王的姿態以提高權威。可說是採取完全相反的機制。

不用跪拜的大名隊伍

說起大名隊伍，往往會讓人聯想到下跪。當隊伍通過時，平民就會被迫下跪。

然而，若是在江戶御府內[2]，除了德川姓的大名外，一般平民遇到大名隊伍也不用下跪。

生於江戶的棉織品批發商之家，在日本紡織界留下偉大業績的鹿島萬兵衛，針對江戶御府內的大名隊伍特徵敘述如下：

在御府內，除了御三家（尾張、紀州、水戶）及御三卿（田安、清水、一橋）之外，路旁行人遇到諸侯隊伍無須退下與跪拜。因此，在俸祿百萬石與痃癖擦身而過的江戶之春，誠如某本書上所述，即便是加賀大人亦與按摩師同格。儘管如此，加賀大人的夫人卻下令路人退下。因為她可是將軍大人之女御守殿大人（鹿島萬兵衛《江戸の夕栄》中公文庫，二〇〇五年）。

除非是德川御三家、御三卿，否則其他大名一概不准在江戶命人「退下、退下」，逼迫沿路行人下跪。就連江戶最大的大名加賀前田家也是一樣。

根據參勤交代制度規定，江戶乃是聚集全國大名的都市。若是每逢隊伍通過就得一一下跪，肯定會造成交通堵塞。

可是，加賀藩主夫人的隊伍卻能下令旁人「退下、退下」，使之下跪。因為她是將軍的女兒。加賀藩主前田齊泰的夫人是將軍德川家齊之女溶姬，同時也是以東大赤門為表門的御殿主人。

附帶一提，無論將軍的女兒嫁到哪個大名家，大名家都有義務在宅邸內新建一棟夫人專屬的御殿。稱之為御守殿。

以將軍隊伍為例，眾人遇到將軍隊伍當然有義務跪拜行禮，換成將軍子女的隊伍也是一樣。此外，由於御三家同樣冠德川姓，幕府便下令眾人見到後有義務跪拜行禮。

上述差異化在打造德川家招牌，亦即奠定葵紋威嚴上發揮極大的作用。

御三家之一的水戶家隊伍上江戶城時，按照慣例，走在隊伍前頭的官員會手持一根長青竹，以警戒的眼神環視路上行人及沿路民家。

若是行人跪拜時頭不夠低，就會用青竹前端敲頭。若是有民家沒有關上二樓的門窗，也會受到斥責，下令關上。如果有行為不端者從二樓偷窺，官員就會穿鞋衝上樓，以青竹敲打並強行帶走。

這時，就算以舉止無禮為由予以斬殺也無妨。這是因為幕府准許切捨御免。

由此可知，這是為了讓民眾徹底見識到水戶家，亦即葵紋的威嚴。

當水戶家的參勤隊伍通過常陸國土浦城下時，甚至還會逼迫土浦藩的高官也得下跪。不消說，這對土浦藩而言可說是無比屈辱。

德川家大名就是透過上述形式，與其他大名產生巨大差異。

2 御府內：指江戶時代被劃分為江戶市區的地區。大致上，東以中川，北以荒川、石神井川下游，西以神田上水，南以目黑川為境界。

「御茶壺道中」

將軍隊伍不像有義務進行參勤交代的諸大名一樣，幾乎鮮少在街道上行走。

倒不如說，將軍平時鮮少出江戶，不過獻給將軍的貢品卻定期往來於街道。其中最具象徵性的貢品，就是裝有獻給將軍之獻上茶的茶壺。此即所謂「御茶壺道中[3]」。

對於獻給將軍的貢品，有義務採取與將軍相同的對應。若是在路上遇到護送裝有獻上茶茶壺的隊伍時，即使是大名，也得讓道且下駕籠。甚至還得跪拜行禮。

因此，御茶壺道中的隊伍假借所向無敵的將軍權威，做出不少蠻橫行徑。就這樣，居住在御茶壺所通過路上的民眾害怕遭到報復，於是關緊家中門窗，靜待隊伍通過。

這正是「茶壺一行到來時，門窗就關緊[4]」的寫照。

御茶壺道中是從江戶經由東海道前往宇治。在宇治收下御茶後，再經由東海道回江戶。根據負責管理隊伍者的回顧，一路上，東海道沿途諸藩都會派家老或由主公親自前來迎接。

雖說運送的是御茶，不過對方可是將軍大人，由此可見眾人的顧慮非比尋常。

當御茶壺道中通過宿場時，就會收到各地進獻的名產。例如在駿河的興津宿會收到進獻的鮮魚，只要跟宿場說一聲現在正忙著趕路，暫且擱置在這，在回江戶的路上，鮮魚就會變成鯛魚乾，作為伴手禮讓御茶壺道中帶回江戶。可說是享用當地的美味食物直到吃膩為止。

令人羨慕。

另一方面，若與御茶壺隊伍迎頭碰上就得被迫下跪的諸大名，則會想盡辦法避免與他們相逢。負責管理御茶壺隊伍者說出以下證言：

> 御茶壺是大名眾的眼中釘，一旦在路上遇到就得前去迎接，有大名聽到消息後便逃進寺廟，逗留迴避，亦有大名發送鼻藥，祈求平安無災。此乃額外收入（篠田鑛造《增補幕末百話》）。

若在路上即將與御茶壺隊伍碰頭，有的大名會逃進寺廟迴避，也有大名饋贈管理隊伍者鼻藥，也就是賄賂，以免遭到吹毛求疵。這對負責管理隊伍者而言簡直是撈油水。

而在川留解除時也一樣，必須等御茶壺隊伍先渡河後，才能夠渡河。這部份也呈現出大名與將軍之間的階級差異。

3 御茶壺道中：江戶時代，護送裝有獻給將軍家飲用之宇治新茶茶壺的隊伍。

4 原文是「茶壺に追われてトッピンシャン」。歌詞出自日本自古流傳的童謠「ずいずいずっころばし」。這首童謠的內容主要是在講述有一戶農家正在磨芝麻味增時，恰巧「御茶壺道中」隊伍正由此通過。家中的人紛紛將門窗緊閉，躲在屋內，深怕遭到不測。靜悄悄的屋內只聽見穀倉裡發出老鼠咬破米袋的聲響，天花板傳來茶碗摔破聲。

諸大名遇上御茶壺，大多會感到腹部一陣絞痛。因為得私下買通對方。……當河川開放時，得讓御茶壺先行渡河，否則無法前進。哎，就連將軍所飲用的御茶也是一樣。……將軍家的威勢果真了不得……（《增補幕末百話》）。

在參勤交代的途中，不僅大名與大名之間，就連將將軍與大名兩相隔絕的階級差異都展露無疑。

伊達家與勘定奉行之間的戰爭

在參勤交代的途中，為防患於未然，避免發生糾紛，大名之間會彼此避免迎頭碰上，即使對方是因公務出差的幕府官員也一樣。

前面已經介紹過，當旗本江連堯則與仙台藩同住在奧州街道千住宿之際，雙方彼此讓出本陣，避免發生糾紛的事例，不過也有發生過旗本仗著因幕府公務出差，結果引發糾紛的事例。

這是在天保十三年（一八四二）發生的事。

翌年十四年（一八四三）四月，第十二代將軍德川家慶預定進行日光社參。日光社參是指將軍前往祭祀初代將軍德川家康的日光東照宮參拜。此乃不定期舉行的活動。

日光社參的日程如下。

將軍從江戶城啟程後，第一天住在岩槻，第二天住在古河，第三天住在宇都宮，第四天進入日光。在日光連續過夜，之後經由相同路線返回江戶城。為總計九天八夜的旅程。

為做好事先準備，勘定奉行跡部良弼與目付佐佐木一陽進入古河宿。跡部良弼乃是旗本，為當時的老中首座水野忠邦[5]的親弟弟。此時正值天保改革期間。

不巧的是，古河宿已有先客造訪。去年剛繼任家督的仙台藩第十三代藩主伊達慶壽（日後的慶邦）首度回領國，住宿在古河宿。

想不到的是，跡部良弼一行人卻仗著因公務趕路，將住在本陣的伊達慶壽趕出，自己則住進本陣。結果，仙台藩一行人被迫離開古河宿，露宿在外。

仙台藩當然感到萬分憤慨。於是強烈要求幕府交出跡部良弼與佐佐木一陽。甚至還提出，若是不交出來，以後將拒絕上江戶參勤。

但拒絕上江戶參勤就會遭幕府懷疑有反叛之意，終歸不是出自本心吧。不過，由這件軼事可看出仙台藩有多憤怒。

5　編註：水野忠邦為天保改革的主導者。

仙台藩與跡部良弼之間的糾紛，乃是身為一國一城之主的大名與背負幕府（將軍）威嚴的旗本——亦即直參6——為維護自尊發生正面衝突的事例。最後來介紹大名家之間為維護自尊產生衝突的事例。

事情發生在文政元年（一八一八）。

相馬藩一行人投宿在某間宿場。藩主相馬益胤住在本陣，然而運氣不佳，正好碰上會津藩松平家一行人前來投宿。藩主是松平容眾。松平容眾一行人暫時先待在脇本陣。

相馬家與松平家的家格差如天地。相馬家是外樣的小大名，松平家則是德川一門的親藩大名，家格僅次於御三家。

無奈之下，相馬藩只好移到脇本陣，將本陣讓給會津藩。相馬藩的藩士心裡當然不是滋味。正當相馬藩進入脇本陣時，發現裡面有一把會津藩家老所持的長槍。原來是遷至本陣時不慎掉落在脇本陣。

因此，會津藩請求歸還那把長槍，卻遭到相馬藩拒絕。相馬藩甚至激動地說，若想拿回那把長槍，就拿長槍主人的項上人頭來換。擺明是在報復。

既然如此，會津藩就帶著長槍主人的首級闖進脇本陣。將相馬藩的藩士斬殺後，才拿回長槍。

這起事件足以說明即便不是在途中，大名在宿場也很容易迎頭碰上及發生糾紛。

三、令人為難的「招待」

路過他藩領地時的招待

前面已經介紹過，參勤交代時，熊本藩等藩會刻意避開長年不和的福岡藩領地的事例，不過這些都是特例。

因為路過他藩領地時，按照慣例，路過方、被路過方的大名必須彼此盡禮。尤其是被路過的大名會提供過剩的「招待」。

這在當時稱作「盛筵（御馳走）」。其中隱含著避免通過領內時引發不測糾紛的用意。通過他領時，一般流程為事先派遣使者向該領地的大名要求領內通行。除了派遣使者外，贈送禮品也成了慣例。

對被路過的大名而言，領內通行形同讓他人進入自己家中般。因此為了向對方表示敬意，同時也維持自己的體面，會徹底打掃領內。

6　直參：俸祿一萬石以下，直屬於江戶幕府的武士。包括旗本及御家人。

這裡所說的打掃，是指整備、修繕道路與橋樑。亦即讓對方順利通行的「招待」。

下面就來介紹文政五年（一八二二），福岡藩第十代藩主黑田齊清上江戶參勤時受到的「招待」（丸山雍成《參勤交代》）。

黑田齊清一行人從福岡城出發後，最先踏入的他藩領地為豐前小倉領，係譜代大名小笠原家的領地。

進入小倉領後，小笠原家所派遣的家臣率先擔任清道的任務。所謂清道，是指當貴人通行時清除前方的行人。同時也擔任在小倉領的嚮導。

小倉藩主小笠原忠固派遣的使者到黑田齊清一行人休息之處，慰問旅途勞頓。同時表示，如有任何需要請儘管吩咐。

之後，黑田齊清一行人在小倉城下及大里宿休息，接著小倉藩的郡奉行和大庄屋等前來問候，同樣也表示，如有任何需要請儘管吩咐，對於小倉藩的一番好意，福岡藩當然也得有所表示才行。為了接待黑田齊清一行人，小倉藩也不得不花費相當的開銷。

因此，福岡藩在小倉城下休息時賞賜金二分，在其他休憩地則賞賜五枚銀幣。

當天，黑田齊清一行人在小倉領大里宿過夜，隔天早晨搭船渡過關門海峽。在長門國的赤間關登陸時，受到領有赤間關的長府藩毛利家所屬船頭的協助。長府藩毛利家是萩藩毛利家的支藩。

在赤間關登陸後，長府藩的藩士擔任清道的任務。白天時黑田齊清一行人進入長府城下，繼續由長府藩藩士清道。在休息處，長府藩主毛利元義派町奉行擔任使者，前去慰問旅途勞頓。與在小倉藩領時一樣，待黑田齊清一行人在本陣休息時，就會賞賜擔任接待者銀兩。

參勤途中，每當黑田齊清一行人進入他藩領地時，就會受到這樣的「接待」。同樣地，他們也會賞賜財物作為回禮。

而在福岡藩以外的參勤隊伍，同樣能看到上述的往來儀式。

在順利抵達江戶藩邸結束參勤之旅後，福岡藩就會以藩主黑田齊清的名義統一寄發謝函，答謝諸大名的「招待」。當然也會附上贈禮。

招待指南

前面已經介紹過參勤交代時在他藩領地受到款待的例子，相對地，福岡藩對於通過自藩藩領的諸大名，又會如何招待對方？

有一項具體介紹該藩如何進行招待的資料。

安永十年（一七八一），福岡藩製作一份標題為《諸通執行之定》的招待指南。招待對象為路過福岡藩領的九州諸大名。

當時，有薩摩、人吉、熊本、柳川、佐賀、大村、久留米、島原、平戶、唐津、蓮之池、小城、鹿島、三池、宇土、五島等十六家大名路過福岡藩領。而製作招待指南時，福岡藩已與熊本藩等達成和解，故熊本藩也列入招待對象。

招待對象不一，小至數萬石的小大名，大至俸祿如薩摩藩般超過七十萬石的大大名，不過似乎沒有因俸祿高低而給予差別對待。

諸大名在路過他藩領地之際，向來會先寄發「先觸[7]」書面通知。儘管事先已派遣使者提出通行領內的請求，抵達前夕仍會以書面再度提醒。

待收到先觸後，福岡藩就會指示大庄屋[8]及批發商備妥人馬。以便讓宿場提供所需人馬。

在住宿的宿場本陣玄關與門前會堆沙堆（盛砂）。如第二章所述，帶有清淨道路之意，而在宿場內的街道旁也堆有沙堆。象徵宿場全體上下對來賓致上敬意。

另外，火災時藩主的臨時避難所也設在本陣內。

藩主一行人終於抵達宿場，身穿麻裃的本陣主人立刻出面迎接，迎領隊伍前往。福岡藩的代官也會前去本陣打招呼。

根據規定，主公們在本陣使用的木炭、蓆子、繩索及稻草等，由代官經評估後再發給。燈油與蠟燭則是由本陣方面提供。

而在本陣以外的地點也提供細緻的接待。

藩內臨時設置兩間水茶屋作為藩主一行人的休憩所，不過這可不是新建的建築。而是將普通的民宅變成水茶屋。福岡藩提供民宅茶碗、爐膛等全套水茶屋必備道具，以便接待藩主一行人。

另外，還會臨時設置七處廁所，也就是雪隱。雪隱的尺寸規定為四尺五寸見方，上方有稻草屋頂，四周圍有葛草圍籬。外圍為籬笆，修築所需的竹子、稻草、繩索等由福岡藩負擔。

福岡藩根據詳細規定上述事項的指南接待路過領內的諸大名，以免招待不周。不難想像，這並非只發生在福岡藩的特殊情況。

對於福岡藩一連串的「招待」，作為回禮，路過大名自然也會賞賜相應的財物。而賞賜的財物亦日趨定額化。不光是招待，就連回禮也變成照章行事。

謝絕招待的內情

參勤交代時，可見識到路過他藩領地的大名與被路過的大名間所進行接待與賞賜財物的

7　先觸：さきぶれ，在室町及江戶時代，官員與貴人旅行時會事先寄發命令書，通知沿路的宿驛準備換馬及休息住宿事宜。

8　大庄屋：江戶時代的地方官員之一，為農民當中地位最高者。掌管十多村到數十幾村的行政事務。

儀式。但不可否認的是，這對因受到款待無奈得賞賜財物、亦即破財的諸大名而言，可謂多此一舉。

對於財政困難的大名來說更是如此。因此隨時代推移，推辭伴隨賞賜財物的招待事例開始增多。

下面就來看推辭福岡藩招待的事例。

九州諸大名當中有十六家會路過福岡藩領，其中，筑後柳川藩立花家推辭福岡藩的招待。這是因為福岡藩製作招待指南時，柳川藩正在實施「御儉約」。

由於財政匱乏相當嚴重，柳川藩以儉約為名，於安永六年（一七七七）至天明元年（一七八一）為止推行嚴格的經費節約，不得不盡量減少開銷。而參勤交代的經費也不再是不可動搖的禁區。作為節約經費的一環，柳川藩推辭福岡藩的招待，避免被迫以賞賜財物的方式多出一筆支出。

另一方面，也有福岡藩推辭招待的事例。

文政九年（一八二六），這一年輪到藩主黑田齊清上江戶參勤。

福岡藩原定經由中國路（山陽道）、山崎路、中山道前往江戶，在啟程參勤前，事先通知沿路會路過所領的大名及代官，婉拒「御馳走」——亦即招待。推辭的原因和柳川藩相同。

大和郡山藩主柳澤信鴻也一樣，在啟程參勤前，先通知預定通過的東海道筋上擁有所領的諸大名與代官，婉拒「御馳走」，亦即招待。這是寶曆元年（一七五一）的事，可見這類事例逐漸增多。

不光只有在陸路才會看到招待與賞賜財物的儀式。在海路也看得到。

根據慣例，對於率領大船隊行使在「海上參勤交代舞台」瀨戶內海的大名，在航路沿岸擁有所領的大名也必須派遣使者及饋贈禮品。有時甚至會派出「御馳走船」。

這麼一來，回禮勢不可免。若對方派出「御馳走船」的情況下，就會賞賜所有船員羽織與小袖。這些開銷對財政困難的大名而言，也是一筆不小的負擔。

不過只要推辭招待，就可省去贈送羽織等，自然也會減少開銷。

而在住宿的本陣也能看到招待與回禮的儀式。

由於大名固定一年投宿一次，本陣主人獻上當地名產給大名已成慣例。另一方面，主公也會依例賞賜財物作為回禮。

中國路上有一間名叫矢掛宿的宿場。根據在該處經營本陣的石井家留下的史料，廣島藩淺野家、福岡藩黑田家、薩摩藩島津家每年都會在石井家住宿。

石井家進獻禮品有瀨戶內海捕獲的鯛魚、家中河川捕獲的鯉魚，以及銘柄為「菊下水」的自家釀造酒。

對此，住宿的大名則賞賜兩枚至五枚銀幣。從石井家的立場來看為拜領賞賜。

然而，財政困難的大名為迴避賞賜銀幣，萩藩等甚至曾以「儉約」為由婉拒收禮。只要推辭不收，就無須賞賜銀兩。

沒想到，石井家卻堅持進獻。這並非為了獲得賞銀，而是發自內心的進獻。

站在大名的立場，收禮卻不回禮有損顏面。於是買下進獻的鮮魚，下令石井家標示價格。

石井家並非為了讓萩藩購買才獻禮，因此拒絕寫出費用，而萩藩也不能默不作聲。於是從本陣啟程時，留下銀十匁。

江戶時代可說是無法省略招待（進獻）與回禮儀式的時代。

【第五章】

參勤交代的收支決算

一、龐大的經費

約占藩費的百分之五到十

有不少意見指出參勤交代蘊含幕府企圖剝奪諸大名財力的意圖。然而，參勤交代究竟造成多少負擔？

我們來看第二章介紹過的加賀藩前田家的例子（以下參照忠田敏男《參勤交代道中記－加賀藩史料を読む》）。

文化五年（一八〇八）回國時所需的經費為銀三百三十二貫四百六十六匁多。以金一兩等於銀六十匁換算，約為五千五百四十一兩。假設一兩等同十萬日圓左右，以現在的金額來看相當於五億日圓以上的開銷。

接著來看薩摩藩島津家的例子（以下參照丸山雍成《參勤交代》）。

根據享保五年（一七二〇）的數字，約花費一萬七千五百二十兩，相當於十七億日圓的支出。加上島津家為距離江戶最遠的大名，又在大坂及伏見滯留數日，使得參勤旅程長期化。結果造成經費膨脹。

御三家中的紀州德川家情況又是如何？

根據天保二年（一八三一）的數據，和歌山到江戶的旅途費用也得花上一萬兩千九百三十兩（約十二億九千萬日圓）。待在領國和歌山當年的經費為一萬一千八十兩，僅十天左右的參勤旅程，就得花費超過領國一年生活費以上的費用。

不過大部分大名的參勤經費都不超過一萬兩。薩摩藩與紀州家的事例純屬例外。

第二章所介紹的仙台藩又是何種情況？

根據仙台藩勘定方的史料《金穀方職鑑》，元文四年（一七三九）起至寬保元年（一七四一）止的三年來，參勤與回國所花金額各約三千兩（約三億日圓）左右。安永年間（一七七二至八一）則花費五千兩（約五億日圓）左右。

由於仙台藩的旅程約八天七夜或九天八夜，只須花費五千兩左右。若是像薩摩藩般旅程長達十幾天的話，可能得花費上萬兩。

至於與薩摩藩邊界相接的熊本藩細川家的情況，安永六年（一七七七）時的支出為兩千三百三十六兩多（約兩億三千萬日圓），天保八年（一八三七）時則為三千六百七十兩多（約三億六千萬日圓）。

岡山藩池田家的情況呢？

岡山藩保留自寬政十年（一七九八）起至文政九年（一八二六）為止約三十年來的數據。平均支出約為三千兩（約三億日圓）。

同是池田家，就鳥取藩的情況來看，文化七年（一八一〇）回國時的費用約兩千八十六兩多（約兩億日圓多）；文化九年（一八一二）回國時的費用則為一千九百五十七兩多（約一億九千萬日圓）。前者是經由中山道，後者則經由東海道前往鳥取。參勤的路線幾乎一樣，費用約兩千兩左右。

大和郡山藩保留寶曆四年（一七五四）的數據。回國經費雖編列了二千兩（約兩億日圓），不過有一半是向町人借來的款項。

在第三章中介紹過，若無法籌得參勤交代的經費，就不能從江戶啟程。有鑑於旅途中發生盤纏用盡、動彈不得的例子不在少數，像郡山藩一樣借錢彌補缺口的事例也見多不怪。

從領國（江戶）到江戶（領國）的旅程支出約占大名家歲出預算的百分之五到十。由於光是移動就會自動消耗每年歲出預算的一成，對於為財政所苦的諸大名來說是煩惱的根源。

人事費占絕大部分

接著看經費的明細（以下參照《鳥取藩史》）。

文化九年（一八一二），鳥取藩結束十九天十八夜的旅程回國。當時的經費為一千九百五十七兩多，其中支付所雇派遣工的工資就占了百分之四十以上，共計八百四十七兩。

其次是運費。

雇用的馬匹運費為四百九十二兩，渡河費一百三十四兩，共計六百二十六兩。約占經費的百分之三十以上。

接著是物品採購費及修理費，共計三百八十七兩。約占經費的百分之二十。

最少的是住宿費，包括午餐費在內，共計九十七兩。約占經費的百分之五。當然，若因川留等致使旅程日數增加，住宿費也會膨脹。

顯而易見的是，派遣工工資亦即人事費用占了經費的最大比重，諸大名又是如何僱用派遣工呢？

一般而言，將貨物從領國運送到江戶是採取「連日」承包方式，稱作「通日雇」。僱用期間從數日到十幾天不等。

加賀藩等的通日雇派遣工約占隊伍人數的三分之一。對通日雇的依賴度之高與其他大名家一樣。

起初，大名相當依賴在各宿場間接力搬送貨物的「宿繼人足」。宿繼人足是由各個宿場備妥待命的派遣工。

但由於每次更換宿場、人手更替的形式上出現問題，因此經費不減反增，遂加深對通日雇的依賴。

也因此催生提供諸大名通日雇派遣工的專門承包業者，他們屬於名為「六組飛　問屋」的運送業者工會。

其中一名叫做米屋久右衛門的商人，經常進入桑名藩松平家、沼津藩水野家等八處大名家。安政六年（一八五九），米屋久右衛門替桑名藩備妥一百六十五名派遣工，作為十一天十夜所需的通日雇臨時人員，明細如下：

抬藩主駕籠的派遣工十名（日薪銀十匁）、持鳥毛槍的派遣工十三名（十匁）、持弓等派遣工九名（九匁）、抬桑名藩士吉村外記駕籠的派遣工六名（八·六匁）、搬運茶便當與具足等的派遣工一百二十七名（銀六·五匁）。

抬主公駕籠的日薪較高自是理所當然，不過持鳥毛槍的派遣工日薪也相當高。這裡說的持鳥毛槍派遣工，指的就是走在隊伍前頭的持槍奴僕。

前面第一章已提過，持槍奴僕被要求做出高水準的表演，因此日薪當然較為優渥。當時是由派遣工，而非由諸大名專聘的臨時人員擔此重任。因為並非正式雇用，多少能省下一些經費。

這時，桑名藩支付給米屋的金額竟高達七百六十四兩，並分成數次，分別於領國、旅途中與江戶支付（江戶東京博物館《參勤交代》）。

進江戶後，除了江戶屋敷的藩士外，還加入臨時在當地雇用的派遣工等，隊伍人數頓時爆增。與米屋一樣，大概是派遣業者調度的人力吧。

透過聚焦在經費上，就能突顯參勤交代是由江戶的臨時工派遣業者支撐起來的一片天。

物品採購費也意外地高

運費的支出僅次於人事費。渡河費用高達一百三十四兩，這是因為除了人以外，就連馬匹也需要過河之故。

渡河有兩種方法，請挑夫扛著過河以及搭船過河。馬匹屬於後者。人與馬的船費各多少錢？由於鳥取藩的情況並不清楚，下面介紹的是加賀藩渡過信濃國犀川時的數據。

人的船費為四十七文，馬的船費竟高達一百二十文，約為前者的兩倍半。加賀藩自不消說，不難想像馬的渡河費對鳥取藩也是一筆巨大開銷。

回到鳥取藩的事例。

旅途中的物品採購費僅次於運費支出，採購場所主要是宿場町。

以下是天保九年（一八三八）加賀藩主前田齊泰一行人回國時，在信濃國柏原宿所採購的物品：

菸草盆二十九、燈籠三十二、浴桶二、提桶三、砧板二、菜刀二、火箸二、八寸膳[1]十、燭台二十四、手燭台十二、火鉢五、寢具四十人份、食案三十、碗三十、盤二十、茶碗五十、大釜二……可說是相當多樣化。

宿場裡有專賣上述日用品的店家。

提到宿場町，總給人旅籠屋四處林立的印象，其實街道上販售日用品等的商店鱗次櫛比，有如商店街般。宿場町是地域經濟的中心，街上相當熱鬧。

因此，諸大名在參勤交代時，會在宿場採購旅途上所需物品。從鳥取藩的採購明細來看，物品採購費遠高過住宿費，對宿場來說，他們是購買日用品金額高過住宿費的貴客。

分析鳥取藩的例子，住宿費占經費約百分之五，住宿費的行情為每晚一百六十至一百八十文，金額相當於二八蕎麥麵[2]價格的十倍，並不算太高。

雖說如此，但隨著住宿日數增加，經濟負擔就會加重，更何況參勤交代隊伍原本就是人數上百至上千人的團體旅客。

此外，就文政元年（一八一八）加賀藩主前田齊廣回國的事例看來，在糸魚川宿住宿時的費用總計錢三百九十二貫文。以錢四貫文等於金一兩來換算，約金一百兩。再以一兩等於十萬日圓計算，相當於一千萬日圓。

由此可知若是遇到川留，將每天白白浪費一千萬日圓。

貢品的開銷

參勤旅程在抵達江戶藩邸後告終，不過參勤的義務尚未結束。得登江戶城晉見將軍後，這一切才真正畫上句號。

諸大名登江戶城之際，當然可不能兩手空空。

登城時，依照慣例會獻給將軍領國的物產等。並在晉見時，於將軍面前親自呈上。

在第二章中介紹過的加賀藩，依例獻給將軍白銀五百枚、越中國名產八講布二十疋、染手綱二十條，但其實貢品的數量是由幕府規定。

下面介紹九州諸大名的貢品。

福岡藩黑田家為銀三百枚、棉花三百捆；佐賀藩鍋島家為銀三百枚、棉花兩百捆，這都是參勤時規定進獻的數量。

1　八寸膳：懷石料理專用餐具。為杉木製、邊長八寸（約二十四公分）的方形盆。

2　二八蕎麥麵：蕎麥粉所占比例為百分之八十的蕎麥麵。

福岡藩進獻的棉花量較多，係根據兩藩的俸祿差異而定，福岡藩約四十七萬石，佐賀藩約三十五萬石。

福岡、佐賀藩均是被稱作國持大名的大藩，至於肥前大村藩（約兩萬八千石），則進獻縮緬[3]二十反[4]與銀（數量不詳）。因為是小大名，貢品內容也有所不同。

參勤的大名不僅得進獻財物給將軍。

如前所述，諸大名也得對將軍的正室御台所、將軍世子、老中、隨侍將軍左右的側眾有所表現。針對老中和側眾，則分別將貢品送至府上，禮物的數量得視大名的石高與家格高低而定。

除了將軍外，再加上其家族、老中及側眾等，貢（禮）品總量相當驚人。

另外，諸大名向將軍進獻貢品時，也會獲賜賞銀。這些賞銀乃將軍給予的回禮，金額多寡亦按照大名的俸祿與家格決定。

舉例來說，福岡藩獲得賞銀五百枚。賞銀雖超過進獻給將軍的貢品金額，但連同進獻給老中等的禮品在內，大名還是得自掏腰包貼補。

二、主公與家臣均財政困難

家臣帶「腰便當」

雖說參勤交代得花上一筆龐大經費，卻是不得不履行的義務。因此，就算借錢也要籌措。只不過，光是向商人借錢往往還不夠，強迫家臣負擔借款的情況也不少。以下是寶曆五年（一七五五）的例子。

佐賀藩支藩蓮池藩第五代藩主鍋島直興回國時，沒有備妥經費。無可奈何下，只得根據俸祿高低下令家臣捐款，藉此籌得回國費用。

強迫家臣犧牲總算籌得經費的蓮池藩，其後仍繼續面臨財政困難。到最後，已無力償還金額龐大的債務。

文化十年（一八一三），蓮池藩向商人大坂屋次郎兵衛申請分期三十六年無息償還至今所借的銀一千五百貫目。結果遭到拒絕。

3 縮緬：即縐綢，是將絲綢以平織技巧織成的紡織品。

4 反：布料長度單位，以測量布疋用的鯨尺來測量，寬9寸～1尺、長2.6～3丈為一反。

陷入窘境的蓮池藩遂派家臣鶴田傳右衛門身穿白衣到大坂屋，抱著不惜切腹的覺悟進行談判。談判的結果，終於成功取得分期三十六年無息償還借款的承諾。

當然，蓮池藩並非單方面強迫家臣負擔借款。大名也不斷努力刪減經費，令人心酸。

前面已提過，諸大名為避免增加住宿日數，一天內能趕多少路就走多少。而如歌詞「鍋島薩摩惹人厭，黃昏六時投宿，清晨七時出發」所描述的強行軍，可說是大名加緊趕路的象徵。有時甚至會走夜路。

只是，對本陣及旅籠屋而言，夜深才入住、清晨就出發實在令人傷腦筋。不僅如此，甚至還被要求降低住宿費。

本陣向大名進獻貢品，大名則賞賜財物作為回禮，此乃慣例；然而拒絕獻禮以避免賞賜財物，也成了諸大名刪減經費的慣用手段。

進入江戶後期後，諸大名下定決心盡力減少旅途人數。現在已不是打腫臉充胖子的時候。結果家臣一人做兩人、甚至三人份的工作。

餐飲費也成了節約對象。

天保八年（一八三七），肥前福江藩第十代藩主五島盛成在旅途中的早、晚餐改成一菜一湯。此乃透過簡化飲食騰出經費。同時隨行人數也減半。

而在加賀藩，還有主公在本陣不用午餐，改吃便當解決的例子。此即「腰便當[5]」。

這是廚師在前一天住宿的本陣裡專為主公做的便當。與其讓休息的本陣特地做飯，腰便當不須花費任何費用。

既然連主公都過得如此刻苦，家臣更不待言。

同樣是加賀藩的例子，加賀藩吩咐旅館毋須準備隨行家臣的午餐，改成每人分發現金作為午餐費。也就是讓家臣在中午休息的宿場各自解決。這樣既省事，到頭來還能節省費用。不消說，上述事例不僅發生在加賀藩身上。

出差津貼與相互扶助制度

前面已介紹過大名為履行參勤交代的義務，強迫家臣負擔借款的事例，而在另一方面，也對家臣實施經濟援助。若是讓家臣疲憊不堪，那就本利盡失了。

因公旅行的住宿費及食費由大名負擔，並額外支付家臣津貼。類似出差補助。

正德四年（一七一四），秋田藩第四代藩主佐竹義格上江戶參勤時所支付的津貼如下：

隨行家臣的首席家老澀江十兵衛為五十兩，家老、用人[6]階級為十五至三十兩，目付為

5　腰便當（腰弁当）：掛在腰間的便當。亦引申為每天帶便當出勤的下級官吏或領微薄薪資的上班族。

6　用人：江戶時代武家官職的一種，地位僅次於家老，負責掌管庶政。

二十兩，物頭、御步行頭、御納戶役[7]為十五兩，御側小姓為八兩，大小姓為八至十五兩，大番士為八兩……，支付的直屬家臣人數多達一百零九人。

除此之外，再加上足輕及中間[8]，共計達四百人。足輕兩百二十六人分別拿到金二分。

如前所述，光是佐竹家所率領的藩士人數即超過五百人，津貼總額高達一千四百三十五兩，換算下來竟超過一億四千萬日圓。

然而對藩士而言，這些錢根本不夠用。

畢竟隨主公同行的人員眾多，照顧這些人員日常生活雜事的奉公人也得同行。在主公看來，他們只是陪臣。

家臣的地位愈高，奉公人的數量就愈多。即便主家支付家臣高額俸祿及參勤津貼，但金額仍然不夠，最終還是得自掏腰包貼錢。

下面就來看仙台藩的事例。

仙台藩有一條關於旅費的規定，稱為「路錢定」。根據江戶中期的數據，主家需支付每位家臣一晚錢九百九十文。就連因應家臣身份必須攜帶同行的小者[9]，也會支付每人少許安家費，金額為錢八百一十文。

不過，這條規定的對象僅限俸祿一千石的家臣。俸祿超過一千石的高階家臣則不列入對象。

「路錢定」的用意在於援助中下級藩士，不過光靠那點金額的津貼根本不夠。儘管有藩的補助，對家臣而言，陪同主公參勤仍是種沉重的負擔，仙台藩因而採取下列對應方式（《仙台藩史》）。

享保元年（一七一六），第五代藩主伊達吉村建立一種名叫「催合制」的藩士相互扶助制度。該制度即所有藩士事先根據自己的俸祿積攢米糧（「催合穀」）。待隨同主公上江戶參勤時，就能夠拿積攢的「催合穀」換取金錢，或者領取積存的「催合穀」配給。

於是仙台藩不須自掏腰包，在所有藩士相互扶助下，得以減輕參勤所帶來的負擔。

對家臣的融資機制

主公抵達江戶藩邸後，部份藩士隨即回國，不過大多藩士會留在江戶藩邸，與主公一起在江戶生活一年。

在江戶藩邸值勤一年稱作江戶勤番，對藩士而言，在江戶生活一年實為不易。

7 御納戶役：江戶幕府與武家官職的一種，負責管理將軍家或諸大名的衣服、金銀及日用品之管理與出納、掌管諸侯或旗本所進獻，或掌管賞賜給他們金銀、服飾等事務。

8 編註：也寫作「仲間」，係最下級的武士。

9 小者：奉公人的一種，又名小人。為武家所雇用，從事跑腿等雜務。

接下來將會提到，大名家的年度經費有一半消費在江戶的生活。不僅主公生活不易，就連江戶勤番的藩士也為龐大的開銷所苦。

因此，有不少藩建立以擔任江戶勤番藩士為對象的融資制度。下面就來看加賀藩的例子。

加賀藩的融資制度年利率約百分之六。有義務分期十五年償還貸款，當然貸款額也有限制，根據俸祿決定貸款額上限。

當時的貸款利率為多少？

就將軍直屬家臣御直參，亦即幕臣借款的情況來說，照慣例會向名為札差的商人融資。大多數幕臣沒有領地，領有俸祿米。因此將俸祿米賣給札差換取金錢，充當生活費；手頭較緊時，就會以俸祿米作為抵押向負責變賣業務的札差借錢。

向札差借錢的情況下，利息為百分之十八，不過在寬政元年（一七八九）發布棄捐令後調降為百分之十二。比較兩者利率，就會發現年利率百分之六已經是極低利率了。

可是，還是有不少藩士無法還清貸款。這種情況下，不得已只得從貸款改成給付。

有關江戶勤番中融資經費的制度，可以看八戶藩南部家的例子。元祿元年（一六八八），八戶藩建立「舫制度」，開始融資給窮困的勤番藩士。

關於對家臣融資制度，伊予松山藩士內藤鳴雪針對該藩的融資制度介紹如下：

諸如藩士，表面上是靠經濟餘力養家活口，實際上得用盡所有家祿10才能勉強養家活口，旅行等時則是預支家祿。另有與其他藩士共有的儲蓄，也可領取配給（內藤鳴雪《鳴雪自叙伝》）。

旅行是指隨同主公進行參勤交代。從此可知，參勤時除了可預支家祿外，亦可領取類似仙台藩「催合金」的存款充當經費。至於其他藩，應該也建立了類似的制度。

參勤交代帶來的經濟負擔不光是對主公，對藩士而言同為沉重的壓力。因此，大名方面以各種形式提供藩士補助。

熱鬧繁華的城下町

前面已經介紹過參勤交代耗費大名家龐大開銷的情況，不過換個角度看，也可以說在旅途中撒了不少錢。足見參勤交代為宿場和街道帶來極大的經濟效益。

稍後我們將目光轉移到最享受參勤交代與其恩惠的江戶市町。反之，當主公回國時，同樣為領國的城下町帶來豐厚的經濟紅利。

10 家祿：武家時代，主君給予家臣的俸祿。到了江戶時代則世襲化。

於第二章中已介紹過，為了上江戶參勤，加賀藩的主公從金澤城啟程之際會騎馬出發，而非搭乘駕籠。這是為了向城下的町人展現主公的威嚴。

待抵達距離金澤城約七公里的森下後，主公才會下馬，改搭駕籠；相反地，回國時則在森下下駕籠改成騎馬，一直騎到金澤。

隨著隊伍接近金澤城下，留守領國的家老和眾多藩士也以迎接為名出城，然後加入主公的行列。

就這樣，主公一行人的如同滾雪球般人數爆增，進入城下。回到領國的隊伍愈盛大，對城下町及領地內展現藩主權威的效果就愈好。

主公進入金澤城後，按照慣例，連足輕及小者等下級藩士也會被招待吃紅豆飯和飲酒。城內及武家官邸街道會慶祝主公回國，氣氛熱鬧喧嘩。

而城下的町人也跟著慶祝主公回國，一起狂歡。簡直就像同時迎接盂蘭盆節與新年般熱鬧。

城內則舉行慶祝主公平安回國的宴席，重頭戲為上演能劇。

享保九年（一七二四），在加賀藩主前田吉德回國之際，舉行了為期六天、非連日上演的能劇表演。不光是主公，連藩士們都能夠觀賞。

而藩士的嫡子、次子與三子，甚至連身為領地內農民代表的大庄屋也獲准受邀到城內看戲同歡。能劇結束後，還會宴請眾人。

當時，能劇乃是深受重視的武家式樂[11]。幕府與諸大名在慶祝活動上向來演出能劇。城內及江戶藩邸內亦常設能舞台，而將軍與大名親自登場也不稀奇。

特別是加賀藩以盛行能劇聞名。歷代藩主均熱心於此，最具代表的就是加賀藩的中興英主前田綱紀等。

雖然不是慶祝主公回國，不過在文化八年（一八一一）舉辦了加賀藩能樂史上規模最大的盛儀——文化的規式能（為期六天）與慰能[12]（為期五天）。出場演員兩百五十九人，奉命觀賞的家臣與町人則多達五千六百多人。這也是主公的招待。

雖說是慶祝活動，但對加賀藩而言卻是一筆龐大開銷，可謂錢灑城下。而回國時的能劇上演情況，也與上述如出一轍。

這樣的光景不僅出現在加賀藩。

每當主公回國，城內就會舉辦慶祝儀式，城下町則一起狂歡，在全國各地都能看到。毫無疑問，此乃參勤交代帶來的經濟效應。

11 式樂：儀式用音樂及舞蹈。

12 規式能與慰能（慰み能）：前者為藩的官方例事，後者則是藩主為慰勞自己或家人所舉辦的私人能劇演出。

三、支撐江戶繁榮的江戶參勤

登江戶城的通勤高峰期

結束為期數日至十幾天的江戶參勤之旅，主公們將在江戶生活一年。非擔任老中及若年寄等幕府官職的主公們被課以某項義務，即登江戶城晉見將軍並參加城內舉辦的儀式。

登城日是由幕府方面事先指定。每月一日、十五日、二十八日為例行登城日（稱作「月次御禮」）。登江戶城晉見將軍後，便直接回到官邸。

而在年初及五節句（三月三日的桃之節句及五月五日端午節等）、德川家康入主江戶城的八朔日（八月一日）等在城內舉行儀禮之日，江戶在府的大名皆有義務登城。

此外，諸如少主誕生等喜慶時，諸大名也得登城祝賀。以全年來看，登城日共計二十至三十次。

在上述登城日，江戶在府的主公們會從獲賜位於江戶城周圍的官邸出發，陸續前往江戶城，按照慣例得在晉見前兩個小時以上從官邸出發。這是因為登城日當天，所有江戶在府的大名都得齊聚在此。

三百諸侯達半數以上於江戶在府，再加上擔任幕府官職的大名也要登城，總計約有兩百支大名隊伍一同前往江戶城。而江戶城的入口實際上僅限於大手門，即使抵達大手門後也不見得能直接進入，必須依序等候。

此外，若在前往大手門途中遇上階級比自己高的大名隊伍，就得讓路。前面已經提過，即便是日本最大的大名家前田家，遇到德川御三家的行列也得下駕籠才行。

在那個時代，晉見絕不允許遲到。因此，為預留充分的時間，必須提前約兩小時從藩邸出發。

遲到者將會受到幕府懲罰。畢竟在重視名譽與面子的武家社會，沒有什麼比遲到更令人恥辱的事。

換做是在戰場上就能明白。因為在當時最先衝進敵陣者（一番乗り）被視為武門的榮耀。預留充分的時間提前出發，也是此一意識的表現。

主公過著紀律嚴謹的生活

因此到了登城日，不光是主公，連隨行的家臣也隨之感染緊張情緒。對主公而言，就連在江戶藩邸同樣過著苦心憂思的生活。

以下是廣島藩淺野家當主淺野長勳的證言：

藩主的日常生活非常嚴謹，比方說想出門一趟，從東門出，就絕對不能從西門回。因為西門的門衛並沒有收到相關通知。我也曾遇過這種情況，正打算從西門回府時，門衛說什麼都不讓我進去。就算是藩主或是主公，只要沒收到通知就不准放行。莫可奈何，只好從收到通知的東門回府，此事錯在我身上，事後還獎賞門衛。身為藩主，必須謹言慎行，諸事切不可大意（淺野長勳〈大名の日常生活〉《幕末の武家──体験談聞書集成》）。

主公的一舉一動均受到嚴格規範。

如同淺野長勳的證言所述，自官邸外出時得從既定的大門進出，不得臨時更改。若沒有事先通知門衛更改進出大門，就不得從其他大門進入。

凡事都是這樣，每日行程都被安排好。

一到六個半時（早上七點），小姓就會來叫醒主公；到了四個半時（晚上十一點）就得上床就寢。一到就寢時刻，小姓便前來通知，嚴禁回覆還不想睡或是想吃美味的食物等。

以一知萬，主公們無奈在江戶藩邸過著令人喘不過氣的嚴謹生活。就算在官邸內遊玩，也盡是誦唱謠曲、吟詩作對等高尚活動，而非平易近人的娛樂。

因此，主公雖然期待外出，不過與在領國時不同，在江戶時得隨時接受幕府的監視。幕府設有名為大目付的官職，負責監察諸大名。

到頭來，主公在擔任藩主期間不得放縱，必須持續過著嚴謹的生活。一旦肆意放縱，就有可能因行為不端遭受處分。

以下是寬保元年（一七四一）的例子。姬路藩主榊原政岑在吉原玩得過火，被迫隱居。不僅如此，甚至連領國也從姬路改封越後高田。

姬路城乃是警戒西國外樣大名的要衝，被解除姬路城主的身份實屬嚴懲。即使藩祖（榊原康政）是德川四天王之一，同時也是譜代名門的榊原家，同樣逃不過幕府法辦。

江戶定府侍與勤番侍

主公被迫住在生活拘束的江戶藩邸。但究竟有多少人住在這裡？

以現代為比喻，江戶藩邸相當於外國大使館，其內部實態屬於軍事機密。由於嚴禁對外洩漏，正確的數據並不清楚。只留下零碎的數據。

下面就從為數不多的事例來介紹土佐藩山內家的狀況。

根據貞享元年（一六八四）的數據，住在江戶藩邸的家臣人數共計三千一百九十五人。以男女別分析，男性占絕大多數，女性僅一百四十六人——此處所謂住在藩邸內的女性，是指居住在內工作的奧女中。

位於江戶城周邊的三百諸侯江戶藩邸可說是男性的社會。根據大名的俸祿高低，主公待在江戶期間，藩邸內有數百人甚至到數千人在此生活。所有藩邸的人數加起來，總計高達四十萬人之多。江戶武家人口五十萬當中，諸大名從領國帶來的藩士就占了大多數。

住在藩邸的藩士可分成兩種，即定居江戶藩邸的藩士（江戶定府侍）及主公於江戶在府期間、從領國前來居住的藩士（江戶勤番侍）。定府侍與勤番侍的人數，以後者占多數。

與家族成員較多的定府侍不同，單身赴任在江戶待一年的江戶勤番侍住在長屋，共同生活。如同地方出身者住在東京的寄宿舍一樣。

定府侍可自由離開官邸外出，不過勤番侍每個月只能外出數次。原因是倘若外出過於頻繁，一旦染上江戶惡習，怕會敗壞操守。

另外，糾紛也經常發生。如果因此淪為街坊傳聞，將有損主公的名聲。因此才會嚴格限制勤番侍的外出次數。當然，因公務外出則不受限制。

離開官邸外出時，規定必須向負責取締藩士行動的目付領取鑑札（許可證），回來時再歸還。

出官邸大門時將鑑札交給門衛，回來時向門衛領回，再歸還給值班的目付。

如果趕不上門禁時會如何？

這時就會被強制送回領國，遭處名為「御門切」的長期謹慎[13]。

不過實際上，即使超過門禁時間，只要賄賂門衛就能輕易回到官邸內的長屋。乍看之下門禁森嚴，實際上卻相當寬鬆。

御用商人的集散地——江戶日本橋

出入將軍居住的江戶城和三百諸侯的江戶藩邸，提供生活物資的御用達商人，大多在日本橋設有店鋪。為何在日本橋開設店鋪呢？

提到日本橋，話題大多圍繞在拆除架設在日本橋上方的高速公路，其實日本橋一詞並非專指橋樑。在那個時代，日本橋一詞是指支撐江戶廚房的商人町。

以前，這一帶屬於低濕地帶。江戶灣原本挨近江戶城附近，德川家康擴張江戶城、建設城下町的過程中，大規模實施排水與填海工程。他不但開鑿城壕，以資水運外，還利用開鑿

13 謹慎，江戶時代，對上級武士所科處的刑罰。即禁閉。

城壕挖出的土壤建設日本橋等市區。

不久後，被譽為水都的江戶原型就此誕生。水運將供應百萬都市廚房所需的生活物資送進江戶，使之流通市內，係不可或缺的運輸手段。

家康不但讓德川家臣團集中居住在江戶城周邊，加強城的守備，同時也將提供德川家及家臣團物資的工商業者匯集在位於江戶城與江戶灣之間的日本橋地區。待送達江戶灣的物資卸貨，即可運往江戶城內，日本橋擁有得天獨厚的地理條件。

日本橋作為商業街的歷史就此展開。

德川家康取得天下就任將軍後，諸大名開始在江戶擁有官邸。參勤交代制度化後，日本橋御用達商人的作用亦進一步擴大。

由於參勤交代，大名們有義務待在江戶生活一年，不過主公與藩士消費的生活物資不可能全都在領國採購，更不可能將物資特地運來江戶。

因此，諸大名愈來愈仰賴供應這群御用達商人，同時還能獲得節省運費的好處。

總計多達四十萬名武士所消費的生活物資，其需求量之大自不用說。這樣的結果，使得諸大名的年度經費——也就是歲出的一半以上全消失在江戶。

加賀藩與土佐藩等約六至七成，秋田藩、越後長岡藩、備中松山藩等的歲出，甚至四分之三左右都花在江戶當地。

參勤交代制度對江戶市町帶來難以估計的經濟效果。

換句話說，縣等地方自治體有一半以上的預算在江戶執行。

正因如此，時常出入江戶的御用達商人獲利不少，地方的財富大多歸日本橋的御用達商人所有。

從布匹、榻榻米到御茶及和菓子

經常出入諸大名江戶官邸提交生活物資的御用達商人，以之為招牌，提昇該店的信用價值，進而擴大經營。

商人所提交的生活物資包括哪些？

除了食品外，還有武具及馬具等武士必須品，以及和服等衣服與衣櫃等傢俱。

在這個時代，和服是正式服裝，需要量相當大，與現在無法相比。

三井越後屋、下村大丸屋、大村白木屋是最具代表性的和服店。這些大店鋪不僅是江戶城的御用商店，同時也常進入諸大名的江戶藩邸。

從現代的居住環境來看，洋房的數量遠多過和室，不過當時的住家為和室，當然鋪有榻榻米，是以榻榻米擁有巨大的市場。不僅得定期更換，其需要量甚至高達數十萬張。

根據文化六年（一八〇九）的數字，以水戶德川家為例，江戶藩邸加上菩提寺的榻榻米，數量總計多達九千五百四十九張半。表御殿（公開儀式場所）與役所的榻榻米共計兩千四百六十六張半，中奧（主公日常生活場所）計九百一十五張半，奧御殿（主公的寢室等）計五百七十一張。由上述數字就能清楚明白榻榻米市場有多大（《近世史料2 国用秘録 下》茨城縣）。

水戶家乃德川御三家之一，為身份特殊的大名。不僅建築物規模甚大，所擁有的藩邸數量也相當多。然而在府大名總數將近三百人，光看這個數字就能明白榻榻米的驚人需求。

除了定期更換外，遇到火災等意外災害時，也得更換新的榻榻米。江戶是火災頻仍的市町，對用量的刺激也有影響。

在食品方面，也包括飲料。

現代有各式各樣的飲料，而這個時代唯一的日常飲料就是茶。其消費量之高也超乎現在的想像。

目前在日本橋有一間名叫山本山的老店。初代店主山本嘉兵衛於元祿三年（一六九〇）在江戶開設店鋪，專售茶（宇治茶）和紙類。其後擴大經營，文化十三年（一八一六）擔任江戶城本丸（德川將軍家）以及一橋德川家的御用商店。

文政十三年（一八三〇），山本山亦擔任江戶城西丸（將軍世子所居住）、田安德川家、清水德川家與寬永寺的御用商店。不消說，山本山當然也和諸大名做生意。

和菓子是茶道所附的點心，消費量同樣驚人。

有一位名叫金澤丹後掾的人物，曾擔任江戶城與諸大名的菓子御用商人。他所開設的金澤丹後是江戶首屈一指的大店鋪，除了位於日本橋本石町的總店外，在下谷等地亦設有分店。除了江戶城及諸大名的江戶藩邸外，金澤丹後掾也常出入寬永寺及增上寺，供應大量點心。除了供應點心外，另有紅豆飯、鏡餅、菱餅、蕎麥麵和烏龍麵等訂單。直到現在，也有和菓子店兼售紅豆飯等，不過金澤家所接到來自幕府的訂購數量多得不得了。

將軍的御台所上寬永寺及增上寺參拜時，這兩間寺院也會向金澤家訂購大量饅頭。其數量多達四萬至五萬個。由此可知，金澤家接獲來自江戶城與諸大名的點心訂單有多龐大。

正因大名們與藩士在江戶藩邸消費如此大量的生活物資，藩的年度經費才會消失了一半以上。

【第六章】

外國人的參勤交代

一、荷蘭商館長官的江戶參勤

出島的荷蘭商館

江戶時代雖俗稱鎖國時代，但與他國並非完全沒有外交，而僅與特定國家維持關係——在西洋為荷蘭，東洋則為朝鮮。

先來看荷蘭。

如同日本國內的歷史課本所述，葡萄牙等歐洲諸國於戰國時代來日，開始宣揚基督教，同時也展開貿易。此即所謂的南蠻貿易。

然而，秀吉與家康皆採取禁止基督教傳教的方針（禁教），使得日本和外國的通商及外交關係受到限制。

在將參勤交代制度化的第三代將軍德川家光時代，幕府於島原之亂[1]後禁止葡萄牙船來航。時間是寬永十六年（一六三九）。

在這之前，幕府禁止伊斯巴尼亞（西班牙）來航，義大利也撤出與日本的貿易。

自此，與日本維持外交關係並獲准進行貿易的歐洲國家僅限荷蘭。

提到荷蘭，總會讓人聯想到肥前國長崎，其實原本在肥前國平戶有一間荷蘭東印度公司的商館。慶長十四年（一六〇九），荷蘭要求與日本建立邦交與通商關係，派遣使節前去拜訪人在駿府城的德川家康。之後獲准建立邦交與通商，並在平戶設立商館。

當時除了平戶外，外國船隻也來到長崎。繼葡萄牙船來航之後，長崎港逐漸發展成貿易港。

幕府也開始注意長崎港，設為直轄地。任命旗本擔任長崎奉行，除掌管該處的都市行政外，同時也負責貿易管理及外交交涉。長崎奉行採兩人制，兩人分別在江戶與長崎各待一年後，輪替值勤。

幕府在長崎建設出島[2]收容葡萄牙人，自禁止葡萄牙船隻來航後，便將平戶的荷蘭商館遷至出島。時間為寬永十八年（一六四一）。

荷蘭與日本的貿易，除了收購金銀銅外，也攜帶中國產的生絲和綾羅綢緞，獲得巨額利潤。

1 島原之亂：江戶時代初期所爆發日本規模最大的一揆，也是幕末以前日本所發生的最後一場內戰。寬永十四年十月二十五日爆發，十五年二月二十八日結束。又稱「島原天草之亂」、「島原天草一揆」。島原之亂平定後過了一年半，葡萄牙人被逐出日本，開始「鎖國」。

2 出島：江戶時代為於肥前國長崎港內的扇形人工島，作為外國人收容地。其後成為荷蘭商館所在地。

荷蘭人被限制在出島活動，歸長崎奉行管制。未經幕府（長崎奉行）許可，嚴禁離開。

負責治理長崎市町的是町年寄，位居町年寄之下的乙名[3]則住在出島，負責監視荷蘭人及監督貿易。乙名之下，配置有組頭等町官員與荷蘭通詞[4]，各自負責業務。

在出島的荷蘭商館，以「甲比丹（Capitão）」稱呼商館長官，「feitor」稱呼次席，另有台所役、荷倉役、筆者役、醫生等十名左右商館員常駐在此。元祿年間駐留在此撰寫《日本誌》（Heutiges Japan）的坎普弗爾、文政時期駐留在此開設鳴瀧塾、奠定日本蘭學基礎的西博德（Philipp Franz von Siebold），都曾任駐荷蘭商館的醫生。

商館長官的任期為一年，規定至長崎到任時需將海外情報彙整成報告，向長崎奉行提交。此即《阿蘭陀風說書》。該書由長崎的荷蘭通詞翻譯後，再寄到江戶。儘管幕府當局維持鎖國，仍可透過翻譯版的《阿蘭陀風說書》了解世界局勢。

商館長官的江戶參府

荷蘭商館長官需履行幕府指派的義務，即撰寫並提交阿蘭陀風說書，同時還得每年上江戶參府，前往江戶城晉見將軍。除了感謝將軍准許進行貿易外，請求繼續維持貿易與提出要求也是其目的之一。

江戶參府是從在平戶設立商館以來就有的活動。原先為不定期，自寬永十年（一六三三）起規定必須每年執行。

自寬政二年（一七九〇）起，改為每四年參府一次。一直到嘉永三年（一八五〇）為止，荷蘭商館長官的江戶參府次數共計達一百六十六次。

幕府藉由商館長官的江戶參府來判斷荷蘭的忠誠度。也就是說，商館長官的江戶參府與諸大名的江戶參勤具有相同意義。因此，幕府繼續同意荷蘭貿易。

起初，商館長官一行人自前一年年底從長崎出發，翌年正月抵達江戶，不過自寬文元年（一六六一）起改於正月十五或十六日從長崎出發。約在三月一日或是十五日登江戶城晉見將軍。打道回長崎則是在五月或六月。參府所需日數約九十天左右。

究竟是走那條路線呢？

起初，從長崎到下關走海路，有鑑於在玄界灘很可能遇難，於是到小倉為止改走陸路。接著從小倉進入瀨戶內海，在室津或兵庫上陸。

之後則是走陸路。經由大坂、京都，從東海道前往江戶。

3　乙名：江戶時代，長崎的町官員職名。從屬於長崎奉行，掌管町內的行政事務。

4　編註：翻譯人員。

商館長官一行人的人員構成又是如何？

除了商館長官外，加上書記、醫生等三至四名隨行人員。荷蘭人人數較少。

另一方面，日本人人數較多。包括由長崎奉行所官員所擔任的正、副檢使、擔任翻譯與會計的江戶番大通詞及小通詞、兩名町使、二至三名書紀、兩名廚師和兩名定部屋小使，其他再加上日雇頭、宰領頭等，總計人數多達五十九人。

說是荷蘭商館長官一行人，可是隊伍成員幾乎都是日本人。

隊伍人數膨脹的原因，主要是攜帶獻給將軍和世子的貢品，以及獻給老中、若年寄等幕閣與京都所司代、京都町奉行、大坂城代及大坂町奉行的禮品所致。獻給將軍的貢品與禮品分別裝入長持[5]和皮籠內進行搬運。因此也需要雇用派遣工。

貢品與禮品主要是由荷蘭船運來日本的毛織品、絹織品、棉織品等布匹。

此外，也會贈送舶來品給位在江戶、京都、大坂、下關、小倉等處的荷蘭宿[6]。所謂荷蘭宿是指荷蘭人上江戶參府時經常投宿的旅館。

江戶參府旅程

接下來，就來看荷蘭商館長官的江戶參府旅程。

在上一篇登場的坎普弗爾並非荷蘭人，而是德籍醫師。由於當時只有荷蘭人才能訪日，因此坎普弗爾便以駐商館醫師身份，佯裝成荷蘭人踏上日本的土地。

在元祿四年（一六九一）及五年（一六九二）的江戶參府，坎普弗爾陪同商館長官前往江戶。關於二度往返長崎與江戶的紀行文，收錄在坎普弗爾的著作《日本誌》（日文版為《江戶參府旅行日記》）中。與諸大名的參勤交代一樣，江戶參府大多走陸路。同樣也是一天能走多少路就走多少。

一天的旅程相當漫長，包括午餐休息在內，從早晨到黃昏，有時甚至到深夜，我們每天約走十到十三里路（坎普弗爾《江戶參府旅行日記》）。

既然上江戶城晉見將軍的日子已經定下來，一天能走多少路就得走多少。途中總會遇上下雨或刮強風的日子，必須得設想萬一計畫延遲的事態才行。當然，也有可能遇到川留。從長崎到小倉走的是陸路，與參勤交代的大名隊伍通過時一樣，也得清掃道路。

5 長持：用來保存衣物等附蓋的長形箱子。主要為木製，左右兩側裝有金屬零件，搬運時以長棒穿過兩側金屬零件，由兩人負責搬運。

6 編註：原文為阿蘭陀宿。

經過九州時，在城主的命令下，民眾對我們的態度如同對待行經該國的大名般充滿敬意。為了我們，不僅用掃帚清掃街道，還在町村撒水，以免揚起塵土。吵鬧的民眾、勞動者，以及多餘的旁觀者被趕到一旁，面向街道的住家內的民眾則坐在家中內部，位在遠處、或是位在建築物前方的民眾則跪坐在簾後，靜靜觀望我們通過。

在通過他國領地時，會受到下列來自諸大名的「招待」。

當我們從某藩藩領進入其他藩領時，該藩藩主就會立即派遣重臣前來迎接，向我們傳達來自地主的歡迎詞，由於該家臣被禁止和荷蘭人交談，於是與上席檢使及通詞打招呼，同時提供我們旅行上所需的馬匹和搬運行李的搬運工等充足的人馬，每位荷蘭人均配有四名隨從與警衛，整支隊伍由兩名身穿黑絹華服、威風凜凜的侍大將持杖站在前頭，帶領我們到國境，同行的日本人也在那裡受到款待，享用酒(Sacki)菜(Sakana)。

首先，有重臣前來打招呼。這與第四章中所提到的事例一樣，即福岡藩主黑田齊清一行人在江戶參勤途中通過小倉藩領時，小倉藩主小笠原忠固的使者前來休憩地傳口信，慰勞旅途的辛勞。

接著，不僅提供荷蘭商館長官一行人所需人馬，同時也派人護衛荷蘭人。確保在通過領內時的安全。

隊伍的前頭由兩名侍大將擔任嚮導。就像馬拉松比賽中負責開道、騎乘白色摩托車的交通警察一樣。此一警備體制會持續到參府隊伍離開領內為止。

一旦進入另一藩領地，該藩大名便會派遣重臣前來。在旅途期間，一行人將陸續接受上述如同驛站接力賽般的「招待」。

不消說，其背後來自幕府的指示。

受到嚴格監視

下面我們來看投宿場所的情況。

商館長官一行人與參勤交代的大名一樣，都是住在宿場的本陣，住宿時，會在門前懸掛代表荷蘭東印度公司的帷幕與紋章。這點也與大名懸掛家紋相同。

我們所居住的宿舍與大名每年通過時所居住的地方一樣，是各地最上等的旅館。在旅館會遵照大名的作法，立刻懸掛高雅的荷蘭東印度公司帷幕與紋章。依照日本的習慣，這面帷幕是為了通知旅客有身份尊貴的客人在此投宿。

江戶參府期間，荷蘭商館長官一行人受到熱烈的款待。當然這與商館長官是外交使節不無關係。

只是，相對於熱烈款待，商館長官一行人的行動受到嚴格限制。而且隨時受到監控。

檢使所住的房間為僅次於我們的上好房間，無論該房間位於家中何處。至於與力、通詞及同心則住在最靠近我們的隔壁房間，目的是為了監視我們，並阻擋僕從或其他人在他們不知情、或未經許可的情況下靠近我們的房間。

長崎奉行旗下，與荷蘭商館長官一起同行的正、副檢使，也兼任監視荷蘭人行動的御目付役。這是因為幕府當局相當忌諱日本人與荷蘭人直接接觸之故。

在江戶參府旅程中，荷蘭人以大名階級所住宿的宿場本陣為宿所，而在江戶、京都、大坂、下關、小倉則住在荷蘭人專用宿所，即荷蘭宿。

當時的宿所如下：江戶的長崎屋源右衛門、京都的海老屋與右衛門、大坂的長崎屋五郎兵衛、下關的佐甲三郎右衛門或伊藤杢之丞，以及小倉的大坂屋善五郎方。

即使住在上述荷蘭宿，同樣也會受到長崎奉行旗下的官員嚴格監控。這是為了避免荷蘭人與日本人往來，才會如此嚴格限制。

「蘭人御覽」

抵達江戶後，終於要晉見將軍了。在這天到來之前，荷蘭商館長官一行人暫住在荷蘭宿長崎屋。

長崎屋於日本橋本石町設有店舖，位在現今ＪＲ京葉線新日本橋站附近。

長崎屋有何來歷？

它原是經營國產藥材及輸入藥材的藥舖，在荷蘭商館長官上江戶參府時，成為官方指定的荷蘭宿。長崎屋除了作為宿所外，荷蘭商館長官登江戶城時亦擔任嚮導。

接著來看晉見當天的情況。

當天由駐江戶的長崎奉行前往長崎屋，率領荷蘭人進城。

不過能夠晉見將軍的只有荷蘭商館長官。

晉見的場所在大廣間。其他荷蘭人及在旁伺候的長崎屋則在隔壁房間待命。

荷蘭商館長官身穿燕尾服，與隨行的長崎奉行一起進入將軍所在的大廣間。待商館長官跪坐叩首後，由傳令人員傳喚道：「荷蘭的甲比丹」。聽到傳喚後，沒多久商館長官便退出。

就這樣，晉見儀式結束了，過程相當簡短。

晉見結束後，接著更換場地舉行「蘭人御覽」。也就是讓將軍、幕閣和大奧女眷觀看異人。除了在場傳看荷蘭人身上所穿的衣服與帽子等外，甚至還會要求他們唱歌跳舞。

結束晉見和「蘭人御覽」之後，接著是設宴款待。根據坎普弗爾的著作記載，由於宴席提供的是日本料理，似乎不大合荷蘭人的胃口。

宴席結束後，荷蘭商館長官一行人便退出江戶城，按照慣例，其後得前往老中的宅邸。即拜會老中，感謝能順利晉見將軍。此舉稱作「廻勤」。

在荷蘭商館長官一行人從江戶啟程之前，都會待在長崎屋，滯留期間約半個月到一個月。因此，凡是對海外情況感興趣的大名甚至是民間的醫師及學者，都會透過各種關係前來長崎屋。這可是與荷蘭人直接接觸的寶貴機會。

由此可知，幕府雖然厭惡日本人與荷蘭人直接接觸，不過在江戶則睜隻眼閉隻眼。

待從江戶啟程的日子決定後，荷蘭商館長官會在出發前一日再度登城，向將軍告辭。登城後，荷蘭商館長官便前往大廣間。在座的老中會宣讀「御條目」，即荷蘭人應遵守的規矩。

內容如下：不得與葡萄牙人通好。若發現與葡萄牙人通好，將禁止荷蘭人來日。關於葡萄牙人，如有須報告事項則應上奏。由此可見，幕府內部對葡萄牙的警戒心相當強。

換句話說，長久以來，以基督教徒為中心掀起的島原之亂所造成的陰影一直留在幕府的記憶中。原因是，在日本最熱心宣揚基督教的國家就是葡萄牙。而島原之亂就是箇中最具衝擊性的事件。

由於是用日語宣讀，當然得透過荷蘭通詞向商館長官口譯內容。商館長官答應遵守御條目後，再由荷蘭通詞口譯為日語，向老中稟告。

其後，將軍與世子會賞賜荷蘭商館長官時服。時服是指符合季節所穿的衣服，夏服為帷子[7]，冬服則是棉衣。

商館長官一行人從江戶啟程後，經由東海道前往京都。

在京都與去程一樣，同樣是住在荷蘭宿海老屋。在京都滯留期間，商館長官得去拜會京都所司代及京都町奉行並贈禮，作為順利晉見將軍的回禮。

從京都啟程當天，按照慣例得前往知恩院、清水寺、三十三間堂等佛閣進行參觀，再出發前往伏見。並在當地購買大量工藝品作為伴手禮。

在大坂下榻長崎屋。並前去拜會大坂城代與大坂町奉行，進獻禮品。在這裡，按照慣例

7　帷子：夏季穿的麻製單衣。

得前去製造棹銅[8]的泉屋參觀工廠。棹銅是輸出荷蘭的產品。

出發當天，前往住吉大社參觀祭神舞、在天王寺登五重塔、在道敦堀的角座看戲皆為慣例。晉見將軍之後的回程路上，簡直就像觀光旅行。

在下關住在伊藤家或佐甲家，這兩家都是愛好荷蘭的町官員。在下關時，則參觀阿彌陀寺等寺社。

在小倉的宿所為大坂屋，照慣例得寄信給出島，內容為通知即將回去。

抵達長崎後，荷蘭商館長官須拜會長崎奉行，報告已經參府回來。待結束後，這才真正為江戶參府行程畫下句號（片桐一男《江戸のオランダ人―カピタンの江戸参府》中公新書，二〇〇〇）。

二、朝鮮通信使來日

對馬藩主宗氏與朝鮮外交

接著來看東洋唯一與日本有外交關係的朝鮮使節，亦即朝鮮通信使來日。

在江戶幕府開府前的豐臣秀吉時代，豐臣秀吉曾二度出兵朝鮮半島，使得日朝兩國陷入斷絕邦交狀態。

以秀吉過世為契機，日軍撤出朝鮮半島，日後坐上天下人寶座的德川家康則著手進行恢復邦交的交涉。當時，居於幕府與朝鮮之間從中斡旋的是對馬國的宗氏。

宗氏自鎌倉時代起即統治對馬，從以前便獨占對朝鮮的外交與貿易。雖然宗氏扮演著日朝之間的仲介角色，但也因此在秀吉出兵朝鮮之際，被迫擔任先鋒。

不過在江戶開府後，宗氏受家康所託，致力於恢復兩國邦交。由於宗氏的努力奏效，朝鮮決定派使節前往日本。時間在慶長十二年（一六〇七）。

8　棹銅：即銅條。

此乃總計派遣十二次的朝鮮通信使首度來日。

當時的朝鮮使節被稱作「回答兼刷還使」。所謂回答使，是指攜帶日本透過宗氏寄給朝鮮之國書的回信使者。同時因為對日本提出請求，要求遣返（刷還）對朝出兵時成為日本俘虜的朝鮮人，亦即身兼刷還使任務，所以被稱作回答兼刷還使。

在第一次朝鮮通信使來日後，日本與朝鮮恢復邦交。宗氏也因為這項功績，獲准升格為俸祿十萬石的大名。對馬府中藩就此誕生。

幕府下令對馬藩每三年參勤一次，獲賜位於上野寬永寺附近下谷的江戶藩邸。

在兩年後的慶長十四年（一六〇九），對馬藩與朝鮮簽訂《己酉條約》。自此，兩者重新恢復貿易。

與朝鮮恢復邦交後，對馬藩繼續代替幕府處理外交事務。作為回饋，幕府認可對馬藩獨占與朝鮮貿易。

幕府將與朝鮮的外交事務交給對馬藩的好處，係避免處理隨之而來的繁複事務。另一方面，從對馬藩的角度來看，獨占對朝貿易的收入足以彌補事務處理所產生的開銷。

對馬藩在釜山設置倭館（日本人居留地），以擴大與朝鮮的往來關係。一方面輸出日本的通用銀幣丁銀，另一方面也輸入中國產的生絲與綾羅綢緞，以及需要逐漸增加的朝鮮人蔘，獲得莫大的利益。

隨將軍更迭而來日

以慶長十二年回答兼刷還使，亦即朝鮮通信使來日為契機，原本斷絕往來的日本與朝鮮恢復了邦交。

朝鮮通信使是指由朝鮮國王派遣前往德川將軍家的外交使節團，第一次慶長十二年、第二次元和三年（一六一七）、第三次寬永元年（一六二四）所派遣的通信使屬於回答兼刷還使性質。除了攜帶對日本國書的回信外，同時要求日本歸還朝鮮人俘虜。

不過在第四次寬永十三年（一六三六）之後，朝鮮派遣的通信使便失去回答兼刷還使的作用，主要目的為祝賀將軍襲位。就這樣，每逢將軍更迭，朝鮮就會派遣通信使前來。

在總計十二次朝鮮通信使來日當中，有十次是在江戶城舉行國書奉呈等儀式。如同參勤交代、荷蘭商館長官般，朝鮮通信使也須到江戶參府，出席與將軍會面的儀式。

日本與朝鮮之間的關係與之後會介紹到的琉球王國不同，原為對等外交。兩國所交換的國書也是採用對等的公文格式撰寫，但不久後幕府開始展現蔑視朝鮮的態度。朝鮮方面也對此表示不快。

舉例來說，幕府強迫朝鮮通信使到祭祀德川家康的日光東照宮參拜。藉由讓通信使在德川家康的墓前叩拜，讓國內民眾認為日本與朝鮮為上下關係。而拜謁初代將軍德川家康就代表參勤。

通信使一行人總數多達四百至五百人。由正使、副使、從事官、上上官、上官、中官、下官所構成，正使是從朝鮮王朝自豪的眾文官中挑選。而幕府的接待也極為鄭重，如後面所述，通信使接受的待遇等同於敕使。

通信使從朝鮮首都漢陽出發後，到釜山為止都是走陸路。接著從釜山搭乘為遠洋航行所打造的朝鮮船，前往日本。

船的規模如下：長約四十公尺，船寬六・四公尺，深二・三公尺，在當時屬於規模巨大的船。

通信使一行人搭乘約六艘船組成的船隊，途中在對馬及壹岐落腳。其後越過關門海峽，東向瀨戶內海，駛進大坂灣。之後改走陸路前往江戶。

進入江戶時，通信使一行人人數已超過千人。根據慣例，在大坂登陸後，須留下百人左右待在大坂，負責朝鮮船的警備工作，因此隊伍人數應該略有減少才是。

不過抵達大坂改走陸路後，又多了擔任護衛的對馬藩士和負責搬運行李的派遣工等加入行列。最終致使隊伍人數膨脹到上千人之多。

為接待外賓四處奔波的諸大名

在接待朝鮮通信使方面，對馬藩擔任重大職務。這是因為他們負責與朝鮮的外交事務，因此在通信使抵達日本到回國這段期間的相關業務處理上，對馬藩備受期待。

從釜山出港的通信使一行人先在對馬北端的佐須浦入港。然後再開往府中，接受對馬藩主的款待。按照慣例，通信使一行人會在對馬滯留約一個月，從府中出港之際，對馬藩主宗氏與數百名藩士也會隨行擔任護衛。

在前往大坂途中，通信使所搭乘的朝鮮船隊與擔任護衛的對馬藩士所搭乘的對馬藩船隊將停靠筑前、豐前、長門、周防、安藝等港口。

接待業務由統治各港口的大名們擔任，根據規定，俸祿十萬石以上者須自行負擔接待費，低於十萬石者則先由該大名代墊，日後再由幕府支付。

具體來說，在港口如何進行接待？

除了替登陸的通信使一行人備妥住宿場所外，同時也提供餐點。住宿場所大多為大型寺院，由於光是通信使一行人人數多達五百人，有時也會分散住在民宅。另外還會臨時興建名為「茶屋」的設施，作為休憩所使用。

上述接待乃是各大名家根據對馬藩提供的資訊，分別進行對應。透過與通信使同行的對馬藩所提供的行列人數、抵達日程等訊息，可避免接待時有所閃失。當然，各大名也會頻繁詢問對馬藩相關細節。

提到最讓奉命接待的諸大名感到苦惱之事，莫過於飲食。既然對朝鮮人的嗜好一無所知，就只能仰賴對馬藩提供的情報。

對馬藩將朝鮮人的喜好整理成名為「朝鮮人好物之覺」的摘要，傳送給相關大名。根據這篇摘要，朝鮮人可食用牛、豬、鹿等肉類、鯛魚、章魚、蝦等魚類，以及白蘿蔔、牛蒡等蔬菜。甚至還記載朝鮮人不大喜歡鹹魚及淡水魚等冷知識。因此各大名根據對馬藩提供的資訊，千辛萬苦地供餐。

不過在飲食上，萬一日本方面提供的菜色不合朝鮮人胃口的話，則由隨行的廚師重新烹調。上述情況與荷蘭商館長官上江戶參府時是一樣的。

通信使一行人在大坂登陸後，便逆著淀川而上，前往淀。當時搭乘的船隻為川御座船。在第二章薩摩藩的事例中已提過，淀川備有參勤大名專用的「川御座船」。通信使搭的就是這一種。

在淀下船後，改走陸路。

經過近江國等，出美濃路，在尾張國的宮宿進入東海道，之後一路前往江戶。在陸路，則以大型寺院為住宿場所。

走陸路時，不像參勤交代那樣只能步行趕路。

在通信使一行人當中，另為身份尊貴者備妥馬匹，稱作「鞍置馬」。無論是否擔任接待業務，幕府一律提供俸祿十萬石以上的大名鞍置馬。

途中不得不渡過大井川等大型河川，在富士川及天龍川等會臨時搭建船橋。

船橋是指將眾多船隻並排並繫在一塊，然後在其上鋪上木板供人渡河的橋。如遇勅使下江戶時，也是採取相同的對應方式。

不過在大井川不能搭建船橋。通常都是搭乘渡河挑夫所搬運的蓮台渡河。

在江戶的宿所

通信使在進入江戶前，按照慣例會先到位於東海道品川宿附近的東海寺。在該寺休息片刻後，才進入江戶。

與參勤交代不同的是，每逢將軍更迭時通信使才會來日，因此通信使的隊伍並非頻繁可見。況且還是來自異國的使節。

就這樣，好湊熱鬧的江戶子蜂擁而來，爭相參觀通信使隊伍。從現存的諸多繪卷即可見識到規模盛大的行列模樣。

離開東海寺的通信使一行人在通過日本橋的市町後，進入淺草的東本願寺。在江戶的宿所不是本誓寺，就是東本願寺。

一直到為慶祝第五代將軍德川綱吉襲任將軍，於天河二年（一六八二）來日的通信使為止，朝鮮通信使都是以位於馬喰町的本誓寺為宿所。然而同年年底發生火災，本誓寺遭到燒毀，故遷至深川。

因此從正德元年（一七一一），為祝賀第六代將軍德川家宣襲任將軍而來日的通信使起，宿所變更為東本願寺。東本願寺是指位於淺草寺附近、至今仍矗立如昔的東京本願寺。

東本願寺雖是江戶屈指可數極具規模的寺院，不過要讓通信使一行人全都住在這裡根本不可能。因此，連淺草寺內的塔頭也成了宿所。

東本願寺內臨時興建可收容鷹與馬匹的房間。這些是朝鮮國王派人遠從朝鮮帶來進獻給將軍的動物。通信使一行人在進入江戶的前一個月左右，習慣先抵達東本願寺。

隨行的對馬藩主宗氏則以位在東本願寺附近的淺草寺為宿坊[9]，以便於通信使滯留江戶期間就近照料。對馬藩士除了下谷的江戶藩邸外，亦以崇福寺及東本願寺為宿所。另外根據規定，當宿所遇到火災危機時，通信使一行人將遷至谷中的感應寺等處避難。

幕府方面的迎接總負責人是老中。待通信使住進宿所後，老中就會以將軍所派遣使者的身份前往。與荷蘭商館長官的江戶參府相較，其待遇截然不同。

幕府對應通信使的方式與迎接天皇勅使時相同，可以說受到國賓般待遇。

通信使抵達江戶後，由幕府親自接待，不過對馬藩在江戶發揮重大功用。幕府負責人頻繁向對馬藩詢問，看來幕府也對該提供通信使一行人哪些餐點而傷透腦筋。

因此，幕府仰賴對馬藩提供資訊的內幕，與途中負責接待的諸大名並無二致。

除了每日餐點外，幕府與對馬藩總計舉辦四次宴席。第一次設宴是在通信使抵達宿所時。接著在舉行國書奉呈儀式時，於江戶城舉辦正式宴席；第三次是對馬藩舉辦的宴席，場所在對馬藩邸；第四次則是在通信使一行人從江戶啟程前，由幕府在宿所設宴款待。

上呈國書與設宴款待

通信使抵達江戶後，由幕府挑選良辰吉日，在江戶城舉行朝鮮國王給將軍的國書奉呈儀式。

當天，通信使會換上儀式用朝服，前往大手門。其前後由穿衣戴帽，腰間佩劍的騎馬武士擔任護衛。

9 宿坊：神社或寺院提供參拜者住宿的設施。

國書奉呈是在將軍出席的大廣間舉行。

通信使方面，僅正使、副使、從事使（合稱三使）於大廣間就座。正使將國書奉呈將軍後，接著介紹朝鮮所贈送的諸多禮品。

之後，由御三家設宴款待。將軍則不出席宴席。幕府認為，既然通信使並非國王本人，而是使者，與使者一塊用餐將有損將軍威嚴。因此才會由御三家代替將軍擔任宴席主辦人。

在大廣間接受款待的只有三使。三使以外的隨行人員則在「松之間」等其他房間接受招待。宴席上端出的料理如下：七五三的本膳、二汁五菜的二之膳、二汁三菜的三之膳、四之膳為貝類、以甜點為主的五之膳等。此乃當時最高級的日本料理。

料理之後，接著是日朝兩國的藝能表演。日本表演能劇與狂言，朝鮮則用馬匹表演雜技。

之後，通信使一行人會在江戶滯留約一個月。

回程與去程一樣。到大坂以前走陸路，接著從大坂搭乘之前以纜繩拴住的船隻，經由瀨戶內海及對馬回國。這趟旅程費時九個月至十一個月。

雖說通信使每逢將軍更迭才來訪一次，不過迎接費用卻相當龐大。據說通信使造訪日本一趟，幕府就不得不支出近百萬兩。

就這樣，文化八年（一八一一），為財政所苦的幕府僅在對馬招待來日的通信使。這是最後一任的朝鮮通信使。

此時，日朝關係開始漸生嫌隙。

幕府原本過去皆以對等的外交立場對待朝鮮，迎接朝鮮通信使時也比照接待勅使的規模，但其後幕府開始進行政治盤算，企圖讓日本國內民眾產生朝鮮通信使形同來日朝貢使節的印象。

簡單來說，就是執行幕府參勤。幕府強迫通信使勉為其難地前往祭祀德川家康的日光東照宮參拜，這也是參勤的一環。

想當然耳，朝鮮方面當然強烈反彈。就這樣，扮演日朝兩國仲介角色的對馬藩左右兩難（仲尾宏《朝鮮通信使―江戸日本の誠信外交》岩波新書）。

三、琉球使節上江戶

薩摩藩與琉球王國

也有國家雖然與日本無直接外交關係，卻和朝鮮一樣每逢將軍襲位就派遣外交使節來日。即琉球王國。

除了將軍襲位外，每逢琉球國王更迭時，他們也會派遣外交使節來訪——前者稱作慶賀使，後者稱作謝恩使，而琉球使節來日則稱作「上江戶」。

琉球王國派遣慶賀、謝恩使來日的背景，與幕府、薩摩藩及琉球之間的複雜關係有關。

統治現今沖繩諸島的琉球王國因國內缺乏物產，透過與日本、朝鮮、東南亞諸國進行貿易活動來充實國力。特別是與中國（明）進行的朝貢貿易，更是帶來龐大的利潤。

琉球在過去曾派遣外交使節到薩摩藩，江戶開府後，薩摩藩企圖與明朝進行貿易，於是委託琉球仲介。

沒想到琉球竟拒絕擔任仲介，因此薩摩藩在得到德川家康的同意下，決定出兵琉球。時間在慶長十四年（一六〇九）。

同年三月四日，薩摩軍從鹿兒島出發，二十五日登上沖繩本島。自四月三日起，開始攻擊首里城。翌日四日大勝琉球軍，並俘虜了琉球國王等約數百位人。

琉球就此從屬薩摩藩，亦即幕府。

幕府收到平定琉球的通知後，承認島津家統治琉球。因此，薩摩藩將琉球納入版圖，同時在那霸設置在番奉行。

但倘若明朝得知琉球被納入薩摩藩統治，貿易就會被迫中斷。因此，薩摩藩讓琉球維持獨立國家的假象，亦即明朝的朝貢國，以避免龐大利潤的損失。

此外，薩摩藩下令長駐那霸的在番奉行參與朝貢貿易，以琉球為媒介，從明朝輸入生絲與綾羅綢緞，獲取利益。

當明朝滅亡，清朝誕生後，琉球就成為清朝的朝貢國。琉球——應該說是薩摩藩——繼續透過與清朝進行朝貢貿易，順利獲得中國的物產。

琉球雖然歸薩摩藩統治，薩摩藩卻讓琉球維持明清的朝貢國家，藉此繼續享受貿易利潤，這種不合常規的型態一直持續到明治初年為止。

興起一股琉球風潮

如同荷蘭與朝鮮一樣，琉球首度向幕府派遣外交使節是在寬永十一年（一六三四），第三代將軍德川家光在位時。

不過，首度派遣的琉球使節並非遠從琉球而來。當時，幕府召喚恰巧待在鹿兒島的佐敷王子前來京都二條城，向在場列席的諸大名介紹這名來自異國的朝貢使節，藉此誇耀幕府的威望。

琉球首次派遣的使節兼具慶賀使及謝恩使性質，正保元年（一六四四）第二次派遣的使節亦然。

從這時開始，琉球使節前往江戶成為慣例。而且是採取隨同薩摩藩主一起上江戶進行參勤交代的形式，在江戶城內晉見將軍。

綜觀整個江戶時代，琉球共派遣慶賀使十次、謝恩使十一次，其中有三次同時派遣兩使。以琉球王子為正使的琉球使節一行人規模介於一百至兩百人，加上同行的薩摩藩參勤隊伍，總計人數遠超過上千人。

究竟琉球使節是走哪種路線前往江戶呢？

正因為是與薩摩藩主同行，採取的路線和第二章所介紹的薩摩藩參勤路線幾乎一樣。

以薩摩藩的情況來看，到大坂為止係海路、陸路並用，與琉球使節同行時則走海路。從大坂順著淀川逆流而上，在伏見登陸後，改走陸路前往江戶。

在旅途中，琉球使節一行人遵照幕府指示換上中國風的服裝。於通過街道要地及江戶市中之際，則一邊演奏銅鑼、鼓、喇叭等琉球樂器，一邊行進。幕府打算透過強調異國色彩，讓民眾對琉球使節產生來日朝貢使節的印象。

與朝鮮通信使一樣，琉球使節是來自異國、平時難得一見的遠客。因此路旁聚集了大批民眾，爭相目睹行列經過。而商人也預期人氣高漲，早在使節抵達前便出售眾多以插圖介紹使節一行人的瓦版與錦繪。

沒錯，就是相關書籍的出版。就這樣，引發一股琉球風潮。

其中，以天保三年（一八三二）來日的謝恩使最能引發眾人的興趣，浮世繪畫師葛飾北齋筆下描繪的《琉球八景》，也成為這波流行的推手。

琉球使節就在被掀起的琉球風潮當中，進入薩摩藩位在芝的江戶藩邸。這裡成了他們在江戶的宿所。

上江戶城謁見

在薩摩藩的江戶藩邸度過約半個月後，琉球使節終於進入登江戶城的階段。下面就來看引發眾人對琉球產生興趣的天保三年的事例。

這一年的正使是豐見城王子、副使是澤岻親方。當時的琉球國王為尚育王。

同年六月十三日，從琉球出發的使節一行人暫時滯留在鹿兒島。鹿兒島上有一間名為琉球館的宿所。

九月一日，琉球使節一行人偕同薩摩藩第十代藩主島津齊興的參勤隊伍一起從鹿兒島出發。抵達江戶的日期為十一月十六日，登江戶城則是在閏十一月四日。

琉球使節的隊伍跟在島津齊興及世子的隊伍之後，前往江戶。使節一邊演奏琉球樂器，一邊行進。

正使等人遵照幕府的指示，身穿中國風裝束而非琉球服飾。其中隱藏著幕府的企圖，即讓國內民眾將琉球使節當成來自中國的朝貢使節。

上午十點，將軍在大廣間就座。正使則當面向將軍呈上琉球國王給將軍的國書。

首先，島津齊興、齊彬父子進入大廣間晉見將軍德川家齊。此即參勤問候。

其後，老中對島津齊興下指示，傳喚正使豐見城王子及副使澤岻親方到將軍面前，正、副使在大廣間就座，向將軍叩拜。

接著是使節代表琉球國王進獻、介紹貢品，晉見將軍的儀式就此結束。因為過程中向將軍呈上國書及貢品，是以當天的儀式稱作「進獻之儀」。

待正使與副使前去拜見繼任第十二代將軍的世子德川家慶，以及繼任第十三代將軍的其子德川家定後，才返回江戶藩邸。

在七日，琉球使節登江戶城。島津齊興、齊彬父子也一起同行。將軍德川家齊與世子德川家慶現身在大廣間後，開始演奏中國音樂。因此，當天的儀式稱作「奏樂之儀」。

音樂奏畢，接著是宴席。招待琉球使節的料理與招待朝鮮通信使時一樣。宴席結束後，老中下達准許使節回國的許可。將軍賞賜使節銀兩及棉紗等，並遞給使節給琉球國王的回信。

九日，琉球使節前往上野寬永寺的將軍家靈廟參拜。在十六日拜訪老中及若年寄宅邸，十八日則拜訪御三家邸。

此乃針對晉見將軍順利結束所做的回禮。琉球使節與荷蘭商館長官一樣，有進行「廻勤」的義務。

直到一連串的官方活動結束，琉球使節一行人就在薩摩藩邸，向藩主與藩士表演琉球與中國的舞蹈及音樂，同時也欣賞日本的藝能戲劇與高難度雜技等。滯留江戶期間長達五十五天。

十二月十三日，琉球使節打道回國。順著與去程相同的路線，於翌年三月五日進入鹿兒島琉球館。十九日，從鹿兒島出港。四月八日，回到那霸。

這是一段長達十個月的漫長旅程。

【第七章】

參勤交代的消滅

一、三年一度的參勤交代

培里來航

嘉永六年（一八五三）六月三日，美國東印度艦隊司令官培里（Matthew Calbraith Perry）率領四艘軍艦出現在浦賀海面。為強迫幕府開國，接受美國總統米勒德．菲爾莫爾（Millard Fillmore）總統的親筆信，培里艦隊駛進江戶灣，使得幾乎毫無防備的江戶城下陷入一片混亂。

培里艦隊迫使幕府收下美國總統國書，告知明年將再度前來聽從答覆後，才離開江戶灣。其後，幕府為鞏固江戶灣防備開始填海造地，建設台場（砲台）。起步雖晚，總算開始強化江戶灣海防。現在東京灣的「台場」仍保存其遺跡。

面臨此一前所未有的國難，以老中首座阿部正弘（備後福山藩主）為中心的幕閣下了重大決定。他們認為，對外問題必須舉國一致面對，在此認識下，幕府讓諸大名過目美國總統為迫使幕府開國呈予將軍的國書，尋求意見。

過去，幕政向來由將軍的家臣譜代大名與幕臣團獨攬。就連將軍的親族御三家及其他親藩大名，原則上也禁止過問幕政。外樣大名就更無機會。

這一次，幕府卻主動打破這項慣例。

於是，諸大名上書約兩百五十封，將軍的直屬家臣旗本也上書約四百五十封。這些書信的內容，過半都是應拒絕開國要求、或延後交涉以爭取時間等意見。

這時，出現一位在幕末政壇扮演重要角色的大名，他越前福井藩主松平慶永，號春嶽。以下稱作春嶽。

松平春嶽生於德川御三卿之一的田安家，之後成為親藩大名福井藩松平家的養子。之前因為身為親藩大名，無法參與幕政。其後以阿部政權向他諮詢為契機，開始發表意見。

嘉永六年八月，松平春嶽提議讓諸大名的妻小暫時回國。倘若妻小繼續待在江戶，則大名們將無法在本國專注於海防。此舉是希望能讓諸大名在致力國防的同時，無後顧之憂。

薩摩藩支藩佐土原藩主島津忠寬則向幕府提議，當美國艦隊再度前來時，讓所有負責沿岸警備的大名都回國，由下任藩主——即世子每隔三到五年上江戶參勤一次。

上述兩項提案均未被採納，但培里再度前來的日子卻迫在眼前。

翌年嘉永七年（一八五四）一月十六日，培里艦隊出現在浦賀海面，培里為收取幕府對國書內容的回覆，下令艦隊駛進江戶灣深處。

三月三日，幕府終於接受培里的要求，在橫濱簽訂神奈川條約。

日本自此開國，其後幕府的權威每況愈下，參勤交代制度也開始步上被消滅的道路。

被迫強化軍備

在簽訂神奈川條約只是時間早晚問題的嘉永七年二月，松平春嶽向幕府提出建白書。內容如下：

應准許諸大名的妻小回國、一概廢除諸大名向將軍與幕閣進獻貢品及禮品、改成每隔三到四年上江戶參勤一次。

前面已經提過讓大名妻小回國的用意，至於一概廢除進獻貢品與禮品、改成每隔三到四年參勤一次，目的是為了減少大名們的花費。

從年初到歲末，每逢季節活動，諸大名有義務向將軍與幕閣進獻貢品與禮品。如第二章當中所提到的，上江戶參勤時也是一樣。

然而，這對大名們卻造成重大負擔。另一方面，姑且不論將軍，這對老中等位居幕府要職者而言，根本就是撈油水。

由於進獻者為三百諸侯，以整年來看，一名老中所得到的禮品總額為兩千兩，連若年寄一人所得總額也有上千兩。雖然一概廢除對老中們來說是沉重打擊，對進獻者卻是一大福音。

此外，若改成每隔三到四年上江戶參勤一次，就能省下兩到三年份的來回經費，同時還能大幅降低江戶在府的費用。

在松平春嶽看來，姑且不論將軍與幕閣的開銷，只要進一步減少伴隨參勤交代所產生的龐大支出，就能讓諸大名提高軍事預算，充實海防，以防範外國侵略。

對於松平春嶽的建白書，老中阿部正弘在三月四日的書信中回答如下：幕府不承認大名妻小回國以及改成每隔三至四年參勤一次。

參勤交代制度乃是幕府統制眾大名的準則。透過把持大名的妻小作為人質、常駐將軍腳下的江戶，命大名每年上江戶參勤，可有效遏止各地勢力叛變。

毋庸置疑，阿部正弘一定會心生擔憂，認為幕府自行放寬參勤交代制度將強化諸大名的自立，使得幕府的存在出現危機。事實上也的確如此。

不過，阿部正弘與松平春嶽一樣，同樣打算透過減輕諸大名經濟負擔，以充實軍費。於是在簽訂神奈川條約後不久的六月，他起草幕政改革三十七條，並傳達幕府內知。

這項改革宣言當中，除了明示致力於登用人才與充實軍備外，亦採納部份松平春嶽建白書的內容。減少諸大名進獻禮品的三分之二就是其中一例。

無論是廢除每月一日及二十八日登城，或開放讓關八州諸大名的妻小與藩士返國，皆是為了減輕大名的負擔。不過，該改革宣言完全沒有顧及占多數的外樣大名，這讓松平春嶽心生不滿。

其後，松平春嶽多次向幕閣提出建議，改為每隔三至四年參勤一次，也就是放寬參勤交代，不過該建議當然不被採納。

不久，松平春嶽被捲入第十四代將軍的政爭中，在於安政五年（一八五八）四月二十三日就任大老的譜代大名筆頭彥根藩主井伊直弼一聲令下，被迫隱居。是為安政大獄。

松平春嶽不得不暫時雌伏。直到安政七年（一八六〇）三月三日，井伊直弼在江戶城櫻田城門外遭到殺害，為春嶽鋪上重返幕政舞台的道路。

就這樣，參勤交代制度的修改只是時間早晚的問題。

文久幕政改革

櫻田門外之變後，成為幕閣中心的老中安藤信正與老中首座久世廣周共同繼承井伊直弼的遺志，企圖推動孝明天皇的皇妹和宮下嫁。將和宮迎進江戶城大奧，嫁作第十四代將軍德川家茂的御台所。

雖然推動公武合體，致使因井伊直弼死於非命而墜地的幕府權威一度復活，但也開啟讓外樣大名參與政治的大門。

不過，依循德川家祖例，外樣大名卻無法憑藉自己的力量參與國政，而必須以地位更為崇高、有權任命將軍的朝廷(天皇)為後盾，才能夠占有一席之地。

在外樣大名當中，最先以幕政改革形式順利問政的，就是薩摩藩島津家。

文久二年(一八六二)三月十六日，島津藩主島津茂久的生父島津久光率領千名藩兵上京。其後護送勅使大原重德，從京都出發前往江戶。

六月七日，以朝廷權威(勅使)為後盾得以參與幕政的久光進入江戶。

首先，久光企圖透過勅使大原重德介入幕府最高人事，要求幕閣起用德川家御三卿之一的一橋家當主一橋慶喜擔任將軍後見職，福井前藩主松平春嶽則擔任大老。

松平春嶽與久光的亡兄齊彬都是一橋派，曾共同擁立一橋慶喜為德川第十四代將軍。兩人可說是有志一同的同志。

久光企圖透過將慶喜與春嶽送進幕閣，確保對幕政的發言權。他以千名薩摩藩兵的軍事力威嚇當時的幕閣，成功按照計畫讓慶喜與春嶽分別擔任將軍後見職與地位相當於大老的政事總裁職。

前者於七月六日就任將軍後見職，後者則於九日就任政事總裁職。

久光隨即向一橋慶喜提出內容多達二十三至二十四條的幕政改革意見書。意見書當中提議放寬參勤及讓諸大名的妻小回國居住等。

松平春嶽以薩摩藩的上述要求為助力，實施幕政改革。幕政改革的一大支柱為放寬參勤交代制。如前所述，自培里來航以來，春嶽曾多次向幕閣建議放寬參勤交代制以及讓大名妻小回國等。

可是，放寬參勤交代制一案遭到眾老中的激烈反抗。因此，松平春嶽只好採取非常手段，裝病拒登江戶城。

當時，松平春嶽的角色相當於總理大臣，想當然耳，政務自然堆積如山。儘管眾老中請求松平春嶽登城，他仍然拒不出藩邸。

在這段期間，春嶽派心腹橫井小楠暗地說服幕府內的實務官僚。橫井小楠不負所望，成功瓦解了反對派。就連抗拒放寬參勤制的老中板倉勝靜，最後也屈服了。

這時，松平春嶽又恢復登城。過沒幾天，以放寬參勤制為主旨的文久幕政改革令大致底定。

發布參勤交代緩和令

文久二年閏八月十五日，將軍德川家茂出席江戶城黑書院，向諸大名下達上意書。主旨是命諸大名致力於強化軍事力。

此外，幕府於二十二日發布主旨為放寬參勤交代的改革令。其內容摘要如下：

諸大名的江戶參勤以後改為三年一次，江戶在府期間也縮短為百日。然御三家等與德川家關係親近的大名仍維持一年不變。

讓安置在江戶的妻小回國無妨。大名若是即將回本國，則勿在江戶藩邸留派眾多藩士。

另外，除了年初、八朔、參勤、繼承家督以外，在儀禮上向將軍及幕閣進獻貢品與禮品等一概廢除。

由於上述一連串改革令發布，諸大名大幅減少開銷。減少的支出包括參勤交代的經費、江戶滯留費、成為幕閣油水的禮品費。幕府期待諸大名能將省下的費用用於充實軍備。

在第一章中曾提過，放寬參勤交代制有前例可循。

享保七年（一七二二）七月，幕府發布上米令，即諸大名每一萬石俸祿得上繳一百石米，藉此緩和參勤交代制度。幕府下令諸大名只要上繳米糧，江戶在府期間就能從一年縮短為半年。

上米令頒布時，幕府正陷入財政困難，甚至無法支付旗本及御家人津貼（扶持米）。於是德川吉宗遂採取放寬參勤交代制度的配套措施，緊急公布避難性命令，要求諸大名上繳米糧救急，並在這段期間力圖重建財政。

上米令於享保十五年（一七三〇）廢止，將近十年期間，諸大名的江戶在府期間縮短為半年。只是，雖然江戶在府期間縮短，使得諸大名的歲出大幅減少，卻導致江戶經濟損失重大。這是因為江戶的消費經濟大幅依賴參勤交代制度，亦即諸大名在江戶期間花費的龐大金額。

享保九年（一七二四）閏四月，町名主向町奉行所報告江戶在府期間縮短後的江戶市內狀況，內容如下：

以諸大名江戶藩邸的龐大需求為生計的商人與工匠因工作大幅減少，導致在江戶生活困苦，只得離開江戶。這是因為諸大名於江戶僅在府半年後就回國，以諸大名為生意對象的各種買賣和大名們下單的建築工事等隨之減少之故。

原是為了填補財政缺口的苦肉計，沒想到卻致使江戶的都市經濟陷入不振。因此，如何透過獎勵遊山玩水、刺激江戶消費，進而恢復景氣，成了町奉行的一大課題。而當時為此絞盡腦汁的代表人物，就是至今仍廣為人知的大岡忠相。

這次放寬參勤制的目的並非為了填補幕府財政，而是期望讓諸大名在財政上更充裕，以利挪動資金作為軍事費用。上次的結果造成江戶經濟不景氣，這次亦然。

二、江戶政治地位下降

江戶陷入嚴重不景氣

將軍德川吉宗在位時所實施的放寬參勤交代制，將為期一年的江戶在府期間縮短為半年，這次則進一步縮短為百日。加上參勤次數更改為三年一次，從長遠來看，在府期間變得更短。

在這之前，大名依例在本國待一年，江戶待一年，德川吉宗在位時改為在本國待一年，江戶待半年（約為期十年）；到了德川家茂在位時，則改為本國待三年，江戶僅待百日。

對諸大名而言，江戶在府期間大幅縮短直接關係到開銷減少，自然樂見。但在此同時，江戶的消費經濟卻遭受重創。

以江戶藩邸為交易對象賴以維生的商人與工匠突然無法餬口。換成現代的說法，即刮起一陣破產、轉職或裁員的風暴，致使江戶陷入不景氣深淵。

因此，失業者自然會對松平春嶽怨聲載道，甚至進而襲擊春嶽登城隊伍的傳言也不斷傳出。松平春嶽很可能變成下一個井伊直弼。

嚴重受創的不只有江戶。

就連參勤交代隊伍所通過的宿場與街道也受到重創。在這之前每年都有參勤隊伍通過，現在卻改為每隔三年才通過一次。

不僅如此，演變到最後，諸大名回國後再也沒有上江戶參勤。這對宿場及街道造成致命打擊。

松平春嶽所主導的參勤交代緩和令雖對江戶經濟造成嚴重影響，不過對政治造成的不良影響卻更勝於之。

德川吉宗在位時，尚未批准諸大名的妻小回國，這次卻准許大名們的妻小離開江戶，自然提高各大名的自主性。相對之下，失去大名妻小在握作為人質的幕府，權威則重摔墜地。

春嶽所實施的放寬參勤交代制不僅改變了江戶經濟，也改變了幕府與諸大名之間的關係。

開始上京都參勤

放寬參勤交代制不僅改變了幕府與諸大名之間的關係，同時也對幕府與朝廷（天皇）之間的關係造成重大影響。之後諸大名不再上江戶，改上京都，亦即產生「諸大名向天皇而非將軍參勤」的趨勢。

其原因不僅在於朝廷方面的推動，同時也在於幕府本身。

儘管是應朝廷請求，將軍德川家茂待在京都及大坂等上方地區的時間越來越長。原因在之後將詳加說明，但倘若將軍遲遲回不了江戶，則江戶成了沒有將軍的京城。

如同日本的歷史課本所述，當時因尊王攘夷運動興盛，相對於幕府權威墜地，朝廷（天皇）權威則突然浮出水面。因此，幕府欲透過公武合體恢復原有威望。

其具體手段係將孝明天皇的皇妹和宮迎娶進入江戶城大奧，作為將軍德川家茂的御台所。不過光是這樣並不能達成預期目的。幕府企圖以更顯而易見的形式向全天下展現公武合體。

那就是將軍德川家茂上洛。幕府計畫透過將軍親赴內兄天皇腳下，對外強勢展現公武合體。

就這樣，文久三年（一八六三）三月四日將軍家茂上洛。此乃自寬永十一年（一六三四）第三代將軍德川家光上洛以來的重大事件。

沒想到，事情的發展卻出乎幕府所料。

將軍上洛給了尊攘派公家與志士一個絕佳機會，一再催促幕府訂定「破約攘夷」的日期。若不決定時程，就不准將軍家茂返回江戶城。

其實早在家茂迎娶和宮為御台所時，幕府已向孝明天皇保證將在十年內毀棄與美國等簽訂的通商條約，實施攘夷（「破約攘夷」）。

然而幕府卻因該約定居於劣勢，遭朝廷逼迫，被要求即時破壞合約、立即攘夷。

當時，朝廷由三條實美等尊攘派公家掌權，背後有長州藩撐腰。長州藩打著實行攘夷的旗幟，企圖掌握國政主導權。

並逼得走投無路的幕府，只得答應以五月十日為攘夷期限。之後，德川家茂終於獲准返回江戶城，就在五月十日，長州藩朝在關門海峽航行的美國商船開砲。

不僅如此，孝明天皇親征攘夷計畫在當時亦由長州藩提議。所謂攘夷，如字面所述，乃是征夷大將軍德川將軍家的職務。該親征計畫不僅否定了將軍，同時也否定了幕府的存在。

上述這一連串動作，讓以長州藩為靠山的朝廷權威又進一步攀升。而另一方面，幕府權威則是直線下降。

也就是說，將軍不在的江戶政治地位下滑。相對地，天皇所在的京都政治地位卻持續上升，京都取代江戶成了政局的舞台。

繼將軍之後，諸大名也紛紛上洛。

文久三年四月十七日，朝廷下令俸祿十萬石以上的大名須義務擔任京都警衛。二十日，朝廷下令俸祿低於十萬石的大名須到朝廷參勤。

自此，在諸大名之間開始形成上京都參勤的趨勢。結果變成了慣例，大名不是待在京都，就是待在本國。

幕府雖於前一年下令諸大名改為每三年上江戶參勤一次，加上朝廷下達的指令，結果使得該命令無法被遵循。

參勤交代成了有名無實的一項制度。

參勤交代與京都

然而，日本也有嚴禁參勤交代隊伍進入的都市。究竟是哪個城市呢？

答案是京都。這是因為幕府禁止朝廷與諸大名勾結，故嚴加禁止。

如同前述薩摩藩事例，西國大名上江戶參勤時，依照慣例會從大坂經由京都南郊的伏見東行，幕府在伏見設有伏見奉行。

伏見奉行與京都所司代共同肩負監視朝廷的任務。與江戶町奉行及長崎奉行一樣，這個職務由旗本擔任。

伏見奉行的任務原是監視西國諸大名，以免西國大名在參勤交代時前往京都，這時狀況卻頓時一變。曾任最後的將軍德川慶喜的小姓村山鎮做出下列證言：

> 當西國大名進行參勤交代時，就連大諸侯也禁止在必經之處滯留三天以上。原因是為避免西國大名進入京都。然而在維新的前六、七年起，規定因參勤而通行伏見的大名務必在上

京前向聖上請安。自那時起，聖上一開口，氣勢銳不可擋，幕府勢力則早已衰退（村山鎮〈大 秘記〉《幕末の武家──体験談聞書集成》以下同）。

在朝廷的要求下，通過伏見的參勤交代隊伍有義務進入京都，前往御所晉見天皇，向天皇請安。據說頭一個上洛晉見天皇的，是正準備打道回國的豐後岡藩主中川家的隊伍。

通過伏見的大名必須上京向聖上請安之規定，始於文久元年或二年的四月，當時，適逢豐後岡藩的中川修理大夫（七萬四千石）從參勤打道回國時。抵達伏見後，受到船班影響而滯留一天，到了隔天下午，約五至六名來自京都的浪士前來通知：「盡速上京向聖上請安」。中川則恪守舊規，回答道：「參勤交替時不可上京」。浪人們即刻返回京都告知擔任國事掛1的公家，拒絕向聖上請安乃大逆不道之舉，便立即派勅使出差，中川以按照規定得先向關東方面請示為由，懇請暫緩些時日，伏見奉行與中川雖急忙請示關東，不過這時就算派出早追2，來回也得花費十二三天，這段期間中川則滯留伏見，其後得到批准，於是上京。

當時，尊攘派浪士在京都專橫跋扈。有五、六名浪士前往伏見，要求滯留中的中川家一行人上京。甚至還派出勅使傳達天皇旨意。

可是，幕府從過去即禁止大名進入京都，因此中川家與伏見奉行遂派遣急使前往江戶，向幕府請示。村山鎮的證言還有後續。約兩週後，來自江戶的入京許可終於送達，然為時已晚，結果激怒了朝廷。

原因是，儘管朝廷已派出勅使，中川家卻沒有立刻上京，此舉違背敕命，因而遭到盤問。驚訝的中川家只好想方設法謝罪。似乎還花了不少銀兩行賄。

中川總算得到朝廷的原諒，自此以後，為免重蹈中川家的覆轍，凡通過伏見的大名都得上京都、前往御所向天皇請安成了慣例。

長州藩失勢

文久三年是幕末日本最劃時代的一年，將軍德川家茂睽違約兩百三十年之久上洛。在這之前掌握幕末政局主導權的長州藩，卻在政敵薩摩藩與會津藩攜手合作下一夜失勢。

此即文久三年八月十八日政變。

1 國事掛：即「國事御用掛」。文久二年十二月九日，為商議國政所新設的朝廷官職。

2 早追：はやおい，江戶時代，如遇急事時所派遣之搭轎日夜趕路的使者。

引發政變的開端在於孝明天皇的攘夷親征計畫。計畫內容如下，天皇行幸大和，前往神武天皇陵及春日大社等參拜，祈禱攘夷。其後，在當地召開攘夷親征軍議，行幸伊勢神宮。

不過實情是，孝明天皇原本就對這起攘夷親征計畫興趣缺缺。在勉為其難下，答應了以長州藩為後盾的尊攘派公家的主張。

由於天皇的攘夷親征等同否定幕府，所以招致諸藩的反對。他們認為此舉無疑是表示對職掌攘夷行動的征夷大將軍，抱持不信任的態度。

因此在諸藩之間，也急速掀起一連串從長州藩及尊攘派公家手中奪回政局主導權的動作。而諸藩的核心，是當時與長州藩激烈對立的薩摩藩。薩摩藩聯合同樣與長州藩對立的會津藩，目標是將長州藩趕下台。

薩摩藩與會津藩暗中進行種種活動，結果順利獲得孝明天皇的支持。原因是，天皇也對於受到長州藩擺佈的朝廷現況充滿危機感。同時也獲得批判長州藩的諸藩贊同。

就這樣，薩摩與會津決定在八月十八日發動政變。結果三條實美等尊攘派公家被禁止進入御所，長州藩也被撤出御所警備。

長州藩當然強烈反抗。

不過既然已經失去天皇的信任，長州藩也不得不承認政治上敗北。翌日十九日，長州藩率領三條實美等人打道回國。

由於這場政變，長州藩被迫退出政局舞台。但他們可不會就此乖乖地退出，而是虎視眈眈地伺機重掌大權。

翌年元治元年（一八六四），長州藩攜帶給朝廷的請願書，尋找機會入京。同時也派遣眾多藩士潛入京都。

沒想到，卻遭到會津藩旗下負責取締京都市內的新選組襲擊。此即六月五日爆發的池田屋事件。

以池田屋事件為導火線，長州藩於七月十九日進攻京都——這是以「蛤御門之變」廣為周知的禁門之變。

然而在一橋慶喜的指揮下，長州藩卻敗給負責御所警備的薩摩藩兵與會津藩兵。甚至因向御所開砲，淪為朝敵。幕府於是下令討伐長州藩。

這時，幕府以薩摩藩與會津藩等為主力，組織征長軍。長州征討就此展開。

幕府以此為契機，企圖扳回一成，並策劃完全恢復參勤交代制度。其背景係奠基於放寬參勤交代、導致幕府權威墜地後所進行的反省。

參勤交代制度的復活能讓幕府恢復既有權威嗎？參勤交代制度的最終章即將展開。

三、消失的參勤交代

恢復參勤交代的原委

文久二年（一八六二），以政事總裁職松平春嶽所主導的放寬參勤交代為契機，諸大名紛紛獨立。另一方面，幕府重摔權威墜地。

促使上述情況加速的原因，在於尊王攘夷運動的興盛，伴隨朝廷（天皇）權威的提昇。同時也對江戶的市町、街道以及宿場經濟造成嚴重影響。

因此，時值禁門之變獲勝、長州藩淪為朝敵之際，幕府自然把握機會反攻，不僅遏制諸大名的獨立之勢，同時提出恢復參勤交代制的要求。

在禁門之變後大約一個月，元治元年（一八六四）九月一日，幕府下令諸大名恢復每年上江戶參勤，命其妻小待在江戶。

之前由於征長軍的組織需求，幕府曾下令西國諸藩準備出兵；十月十二日，幕府也提及將軍德川家茂從江戶城出發一事。這些舉動是為了向諸大名展現幕府堅決的態度，同時提出恢復參勤交代制度的規定。

只不過，幕府在禁門之變的獲勝，並不代表其權威也隨之復活。細究原委，與長州藩進行奮戰的是薩摩藩與會津藩，而非幕府。幕府不過是借用諸藩的力量獲得勝利罷了。是以諸大名自然不會如此輕易服從幕府。想當然耳，眾人也擔心增加財政負擔。在國事艱難之秋，大名們的支出增加，財政也日趨形惡化。這時若雪上加霜、恢復參勤交代，隨之而來的龐大開銷勢必將造成破產，藩的滅亡也將趨近現實。

據此德川家內部出現反對意見，擔任征長總督的尾張藩前前任藩主德川慶勝上書，不贊成參勤交代制度復活。

身為征長總督，德川慶勝或許是擔憂參勤交代復活可能妨礙征長行動吧？參勤所伴隨的大筆費用的確會讓大名猶豫是否應加入征長軍。換句話說，參勤交代極可能有妨礙軍費的籌措。

不只尾張藩對參勤交代復活感到不滿，心中忿忿不平的還有奉命參加征長軍的西國大名。於是，西國大名紛紛藉口生病等各種理由，罷工不上江戶參勤。同時也不讓已經回國的妻小上江戶出府。

幕府的參勤交代復活方針因諸大名反對而受挫。即使是幕府，也已喪失壓制大名的力量。

慶應元年（一八六五）四月，幕府一再延後家茂自江戶城啟程攘夷的相關準備，並以此為名目，提到四國、九州大名也可延期參勤。

實際上，此乃撤回去年九月一日發布的參勤交代復活令。之後，幕府再也沒有提過參勤交代。不久，幕府滅亡。

幕府企圖藉由復活參勤交代重拾權威，終究只是一場幻夢。自此，再也沒有出現大名的參勤隊伍頻繁往來於街道及宿場的光景。

江戶不再是將軍輦下

我們將時間稍微回推一些。

德川家茂於文久三年（一八六三）三月上洛，六月十六日時才回江戶城。上洛之際走的是陸路，回程則搭乘軍艦走海路。

江戶又再度成為將軍的輦下，然而緊迫的政治局勢讓家茂無法在江戶城內久留。同年十二月二十七日，他搭乘軍艦從江戶出發，翌年元治元年（一八六四）一月十五日進入京都。當時待在京都約四個月，五月二十日返回江戶。回程仍搭乘軍艦。

到了慶應元年（一八六五）五月十六日，德川家茂為討伐長州藩從江戶城出發。這次上洛則是走陸路。

之後，家茂於翌年慶應二年（一八六六）七月病逝在滯留地大坂城，再也沒有返回江戶。

從家茂首次上洛的文久三年三月到病逝於大坂城的慶應二年七月為止，他待在京都及大坂等上方地區超過兩年，遠比留在江戶城內的時間長。

從上述數字看來，顯示政治舞台的轉移，從江戶改變為京都。亦暗示幕府所處的現實情況。

就這樣，自慶應元年五月以後，江戶不再是將軍的輦下。不久幕府宣告終結，將軍職也遭到廢除。

至於動員將軍親自坐鎮的長州征伐，則如同歷史課本上所述，征長軍在各地均敗給長州藩。幕府的劣勢已無法遮掩，慶應二年七月二十日，家茂病逝於大坂城內，享年二十一歲。這場與長州藩的戰爭最後以幕府失敗宣告終了，成了幕府權威一蹶不振的決定性瞬間。

家茂於九月六日回到沉默的江戶城。御台所和宮削髮為尼，法名靜寬院，自此開始過著為家茂祈求冥福的日子。

儘管與長州藩的戰爭以幕府的敗北告終，不過失去家茂的幕府必須盡快決定下一任將軍才行。家茂與和宮之間並無子嗣。

繼德川家茂之後登上將軍寶座的是一橋慶喜，也就是「最後的將軍」。

既然繼任將軍，本應返回江戶城才是，但嚴峻的現狀不允許他返回江戶，只好繼續留在上方。

不過，德川慶喜在位期間卻不滿一年。因為他親手為德川十五代歷史畫下了句點。

東京成了天皇輦下

於慶應二年（一八六六）就任將軍之位的慶喜並沒有返回江戶，而是待在取代江戶成為政局中心的京都以期重建幕府，同時牽制企圖參與國政的薩摩藩等勢力動向。

然而，以所謂「薩長同盟」形式成為長州藩後援的薩摩藩，卻對慶喜強烈反彈。薩摩藩計畫拉攏朝廷，將慶喜拉下將軍寶座。為達目的，甚至不惜動用武力。

此外，薩摩藩還要求朝廷下達倒幕的密勅。此即以西鄉隆盛為中心的武力倒幕路線，謹奉朝廷也就是天皇的命令，討伐德川慶喜。

對於上述薩摩及長州藩的動作，德川慶喜先發制人。他決定自行消滅幕府以避開薩長的矛頭。

此即「大政奉還」。這是發生在慶應三年（一八六七）十月十四日的事。

自此，政局的焦點轉移到由哪一派勢力掌握以天皇為首的新政府主導權上。經過檯面下一番激烈的策略攻防，結果由薩摩藩和長州藩順利成為新政府的中心。

另一方面，慶喜則被新政府排除在外。這是同年十二月九日發生的事。

其後，占據京都的薩摩藩、長州藩與在大坂城籠城的慶喜兩相對峙，時間長達近一個月。翌年慶應四年（一八六八）一月三日，兩軍在鳥羽、伏見爆發激烈衝突，戊辰戰爭就此揭開序幕。歷經長達一年多的戰爭後，擁戴明治天皇的新政府掃蕩了舊幕府勢力。

這就是明治維新。

自遷都平安京以來，天皇居住在京都已超過千年以上，其後以明治維新為契機遷居江戶，改名東京。

慶應四年，即明治元年九月二十日，從京都出發的天皇一行人行經東海道，往東京邁進，此為天皇東幸。十月十三日，天皇一行人在經過品川宿後，進入江戶城西丸御殿。

這一天，江戶城更名為東京城，定為皇居。

新政府在天皇滯留東京期間，計畫宴請東京市民喝酒，讓民眾蒙受天皇恩澤，稱之為「天盃頂戴（領受御酒）」。

十一月四日，新政府賞賜東京市民及近郊農民三千多桶酒，祝賀天皇行幸東京。一桶酒容量為四斗，以一升瓶來計算，則相當於十二萬瓶以上。而且這是前一天剛用船運送過來的上方新酒——足見新政府為攏絡以居住在將軍輦下為榮的江戶子，不遺餘力。

十二月二十二日，天皇回到京都。不久，局勢動盪的戊辰年，即慶應四年（明治元年）宣告結束。

翌年明治二年（一八六九）三月七日，天皇再次從京都出發，前往東京。三月二十八日，天皇二度東幸，進入皇居東京城。

雖然未曾對外公告，不過這一天是奠都東京的日子，也是江戶（東京）從將軍輦下變成天皇輦下的紀念日。

大名消滅

所謂明治維新，並不是達成倒幕、消滅幕府後就宣告完成。

西鄉隆盛等人的目標，是建立以天皇為首的強力中央集權國家，否則將無法與歐美列強並駕齊驅。

可是，前方卻出現障礙物。那就是為數近三百的大名家，也就是諸藩。

想要建立中央集權國家，就得從由諸大名各自分治領地的封建制轉移為將全國劃分為多個地區、由中央政府直接統治的郡縣制。簡言之，廢藩置縣乃勢在必行。

日本全國的石高約達三千萬石。其中，自幕府手上沒收的政府直轄地（府、縣）為八百萬石，僅達日本全國石高的三成不到。因此，如何從統治高達七成多土地與人民的諸大名（藩）手中沒收領主權、進行直接統治，就成了迫在眉睫的課題。

明治四年（一八七一）七月十四日，薩摩藩和長州藩堅決實施由他們所主導的廢藩置縣。當時，諸大名一律稱作知藩事，在實施廢藩置縣後全都遭到罷免，同時奉命移居東京。自此，全國劃分為三府三百零二縣，其後歷經合併與廢止，重新編制為三府七十二縣，日本全國的土地與人民正式收歸政府統治。

在全國合併為三府七十二縣後，政府任命府知事與縣令取代知藩事。大多數府縣都是由出身他藩者擔任府知事與縣令。

為排除舊藩勢力，使中央集權國家收到成效，這是最理想的辦法。此外，連幹部職員也是派他縣出身者，藉此削弱舊藩的影響力。

就這樣，繼將軍之後連大名也消滅了。大名變成了華族，有義務居住在東京，成為皇室的藩屏。

而堪稱封建國家——亦即地方分權時代遺物的大名參勤交代的歷史，也隨著中央集權國家的建立正式結束了。

結語

在參勤交代名存實亡的文久二年（一八六二）後過了約四十年，明治三十九年（一九〇六）二月二十六日，在東京日比谷公園內出現了大名隊伍，這是參勤交代的重現。

近代日本以明治維新為契機，採取富國強兵及殖產興業作為國家政策後，不但在中日甲午戰爭、及日俄戰爭中贏得勝利，同時也成長為與英、美、法等歐美列強並駕齊驅的大國。

如同日本的歷史課本所述，日本能在日俄戰爭打贏俄羅斯的最主要原因，得歸功於英日同盟。在重現大名隊伍的前一年，即明治三十八年（一九〇五）九月，日本與俄羅斯達成和平協議，確定獲勝，而日本在八月時與英國再續盟約，簽訂第二次英日同盟。

日本與英國關係變得更緊密後，英國國王愛德華七世以此為契機，決定授予明治天皇英國最高榮譽的嘉德勳章。他派遣外甥阿瑟親王（The Prince Arthur, Duke of Connaught and Strathearn）擔任授章使者前往日本，而擔任首席隨行人員的則是密福特（Algernon Bertram Freeman-Mitford）。

密福特過去曾擔任在幕末史經常登場的英國駐日公使巴夏禮的書記官。

密福特自慶應二年十月至明治三年（一八七〇）一月為止在日本值勤，與以維新志士身份相當活躍的薩摩及長州藩士也有交流。由於此一經歷，英國方面才會任命密福特擔任使節團的首席隨行人員。

阿瑟親王一行人所搭乘的巡洋艦王冠號（HMS Diadem）是在二月十九日駛進橫濱港。翌日二十日，阿瑟親王前往皇居，向明治天皇呈上嘉德勳章。

結束儀式後，便連日舉行歡迎活動，在阿瑟親王滞留東京的最後一天二月二十六日，日本政府以日比谷公園為會場舉辦送別會。並在現場重現昔日的參勤交代，也就是大名隊伍。

曾在幕末時來日，親眼目睹大名隊伍的密福特證言如下。對密福特而言，此乃睽違約四十年之久的光景。

在當天節目中，打頭陣的是在帳篷前方一大片空地上的大名隊伍。維新以前，在東海道及其他日本主要道路上常可看到大名隊伍。這已是四十多年前的事了。就連日本人談及當時的往事時，也會使用「以前」這個字眼。尋找大名隊伍所需的道具相當困難，為了尋找這些道具，必須得翻遍以前古城的舊壁櫥和遙遠鄉下的屋舍才行。不僅如此，就連指揮隊伍也頗有難度。在成年後目睹大名隊伍者不過屈指可數，而過去曾指揮過大名隊伍者恐怕也都不在人世了。當在隊伍前方打頭陣者在公園裝模作樣地向前走時，有幾名年輕世代的日本人，其中一名王妃殿下轉過頭來問我說道：「聽說你曾親眼目睹過數次大名隊伍。實際情況果真是如此嗎？」一點也沒錯。最先出現的就是那群盛氣凌人、以粗野嗓音大喊「退下！退下！」負責擔任開路先鋒的男人。這是因為當身份尊貴的大人通過時，無論男女老幼都得將頭貼在地面，俯首跪拜才行（《ミットフォード日本日記》講談社學術文庫，二〇〇一年）。

在這時候，就算是日本人，曾目睹過參勤交代隊伍者似乎也為數不多。從上述密福特的證言就能明白，日本方面為了重現參勤交代隊伍多麼煞費苦心。

本書以七個章節闡明了參勤交代的實像與虛像。

既然在參勤交代消滅後了四十年都很難重現當時的情況，更遑論經過上百年的現代，當然不可能正確傳達其實態。在日比谷公園重現參勤交代隊伍時，曾目睹過參勤交代者尚在人世，可是在現代卻連一位目擊者也沒有。

現存描繪參勤交代的繪卷物等都是在明治以後創作的作品。可說是回顧昔日參勤交代的珍貴繪畫資料，當時大概是依照繪卷物在日比谷公園重現大名隊伍的模樣吧。

本書係基於即時紀錄的參勤交代相關史料以及明治時代後的證言，讓歷史劇及時代小說中所沒有描寫的場景浮出水面。

雖然現在已無法見識到參勤交代，卻能反覆播放昔日參勤交代的模樣。這是因為在過去的城下町等處都會舉辦倣效大名隊伍的遊行活動。

每年在文化之日所[1]舉行的「箱根大名隊伍」遊行等，就是最具代表性的活動之一。透過大眾媒體的採訪報導，讓參勤交代的光景深深烙印在眾人的腦海中。

與參勤交代一併介紹的大名隊伍一詞也是一樣。即便在現代，高官議員或公司高層率領大批隨行人員排場盛大地前往目的地的模樣，就稱作大名隊伍。其語源來自本書中介紹的延綿不絕漫長隊伍。

就這樣，參勤交代與大名隊伍不僅成了日本歷史課本的專門用語，同時也成了現在日本社會中的日常用語。

筆者在本書執筆時，承蒙（原著出版社）德間書店第二製作局學藝編輯部森順子小姐的諸多照顧。僅在書末致上最誠摯的謝意。

二〇一六年八月　安藤優一郎

1 編註：十一月三日。

大河 38

參勤交代：江戶幕府的統治關鍵

參勤交代の真相

作者——安藤優一郎
翻譯——黃琳雅
編輯總監——陳蕙慧
總編輯——郭昕詠
編輯——徐昉驊、陳柔君
行銷總監——李逸文
資深行銷
企劃主任——張元慧
排版——簡單瑛設
封面設計——霧室
封面排版——簡單瑛設

國家圖書館出版品預行編目(CIP)資料

參勤交代：江戶幕府的統治關鍵／安藤優一郎著；黃琳雅譯.一初版.一新北市:遠足文化,2019.04一(大河；38) 譯自：参勤交代の真相
ISBN 978-957-8630-95-6（平裝）
1. 江戶時代 2.日本史

731.26　　108001824

出版者——遠足文化事業股份有限公司（讀書共和國出版集團）
地址——231 新北市新店區民權路 108-2 號 9 樓
電話——(02)2218-1417
傳真——(02)2218-1142
E-mail——service@bookrep.com.tw
郵撥帳號——19504465
客服專線——0800-221-029
Facebook——https://www.facebook.com/saikounippon/
網址——http://www.bookrep.com.tw
法律顧問——華洋法律事務所 蘇文生律師
印製——呈靖彩藝有限公司

初版一刷 2019 年 04 月
初版二刷 2023 年 12 月
Printed in Taiwan

書衣圖片：楊洲周延《温故東の花第四篇旧諸侯参勤御入府之図》日本國立國會圖書館所藏